阿爾弗雷德·阿德勒
Alfred Adler   著

邵蕾 譯

阿德勒的
人性
心理學

Understanding Human Nature

不可理喻的行為 × 負能量滿滿的性格，原來我們所有的
表現和情緒，都是「童年」經歷的反映

▶ 觀察人類社會屬性，揭示群體生活對個體的重要性
▶ 掌握自我認知與心理動力，從童年困境中成長超越
▶ 從攻擊型到非攻擊型，分析各類性格特徵及其影響

「一個人行為上的錯誤，會嚴重威脅到生活本身；
理解人性，才有更光明的人生之路。」

—— 阿德勒

樂律

目錄

目錄

附錄　關於教育

結論

推薦序
掌控人性，掌控人生

　　阿德勒畢生致力於讓普通人能用個體心理學的觀點解讀行為、理解人性。所謂人性，很難有一個準確的定義去概括它，但人人都覺得自己很了解人性，能夠輕易看透人心，儘管這個社會一直缺失對人性的教育。其實，某些天生共情能力特別強的人確實更容易辨別人性，他們會運用自己的同理心與他人感同身受，能設身處地地從他人的角度思考問題，並且意識到他人的價值。還有一類人可以真正理解人性，那就是懺悔的罪人。他們要麼是從某種精神問題中解脫出來，要麼是從自己的病症中得到啟發。總之，他們一定是經歷了一番「寒徹骨」，最終擺脫了生活的苦難，從人生的泥潭中掙脫出來，因而能從這種痛苦經歷中更容易理解人性的善與惡。

　　人類雖然是社會性動物，個體的發展也與群體密不可分，但我們從一出生就不斷感受到分離，我們會與父母分離、與同伴分離、與生命中的重要他人分離。特別是在當下社會，人與人之間的連繫越來越少，我們的內心也更加孤獨，即使是朝夕相處的人，也有可能成為最熟悉的陌生人。我們感嘆無人理解自己，正如我們無法理解別人。對這個世界的理解程度決定我們對這個世界的態度，我們的命運也是由自己的內心決定的。

推薦序　掌控人性，掌控人生

如果我們總是對這個世界有很多誤解，就很容易做出錯誤的判斷，從而可能導致人的性格偏差或者行為不良。這種誤解可能不會立刻產生不好的後果，但一定會伺機攪動我們的生活，而且誤解的危害會隨著時間的推移而日漸加劇。因此，理解並解決人性問題對我們來說至關重要。理解人性是社會關係的基礎，是生活融洽的前提。當我們更容易理解彼此時，就能更好地與對方產生共情，也能在與人相處時保持親密的關係。

要理解人性、研究人性，一定繞不開「童年」這個話題。目前心理學界公認的觀點是，決定個體生命發展的最重要階段是童年時期。也就是說，個體童年時期的經歷和成年之後的行為表現有一致性與整體性，即使成年後外在的生活環境發生改變，某些心理過程的表現形式和表達方式也因時而變，但個體的內在行為動力和最終想要達到的目標並沒有改變。比如：一個在親密關係中有疏離感的成人，總是與別人保持距離，極力迴避各種親密接觸，並且性格多疑、不信任任何人。追溯至童年時期我們會發現，他的父母因為工作比較繁忙而無暇兼顧事業與家庭，導致他們疏於對孩子的照顧，常常無法及時回應他的需要和情緒，而年幼的孩子又無法對這種經歷做出理性的判斷，那麼他只會本能且自卑地認為自己是不被愛的、不被關注的，以至於形成穩定的迴避型依戀心理，即使父母在未來製造和孩子親密相處的機會來彌補孩子童年的缺失，也很難改變孩子的生活風格和行為模式。這個成人的各種疏離表現正是對童

年經歷的對映，這種強迫性重複恰恰說明我們每個人都很難改變對生活的態度。

　　因此，如果我們想要理解個體穩定的行為模式和人性特徵，僅僅探究成年後的這一部分經歷意義不大，一個人在童年時期形成的生活方式和態度才是至關重要的。如果我們不了解人性，不了解童年經歷，僅僅做表面功夫，即使外在的行為表現確實發生了改變，內在的行為模式也依然沒有發生變化。每個人自童年起都有或清晰或模糊的行為目的和生活目標，因此，我們未來所有的行為表現都是在為實現這個目標而努力。本書能夠改正我們很多關於人性的錯誤觀念，從而學會一種新的思考問題的方式。當我們有自我覺知和自我批判能力時，我們就有能力和意識賦予過去的經歷以新的價值和視角，並對人性產生一種新的理解，而且還會覺察外在行為和性格背後的動力，這一切都將使我們成為一個不一樣的人。

推薦序　掌控人性，掌控人生

作者序

　　本書透過將個體心理學的各種觀點應用於日常生活中的行為，闡述了個體心理學的基本內容，以及個體心理學對於世界、人類和每個人日常生活的重要意義。本書是基於我在維也納人民學院一年來為數百位不同年齡、不同職業的觀眾所展示的演講內容，目的在於讓大家了解一個人的錯誤行為究竟如何影響我們的社會生活，我們應如何意識到自己的錯誤，以及如何做出正確的調整。如果說商業或科學上的錯誤會讓我們付出巨大的代價，那麼一個人行為上的錯誤則會嚴重威脅到生活本身。為了讓人們更容易理解人性，擁有更光明的人生之路，這本書由此誕生。

阿爾弗雷德·阿德勒

作者序

前言

「人的命運由自己的內心決定。」

—— 希羅多德

自古以來，關於人性的研究一直存在很多問題，我們幾乎很難給出明確的假設和答案，只能小心翼翼地去實踐和驗證。但是解決人性問題對於文化的發展又至關重要，因此，我們力求使人性研究成為一門科學，使其適用於每個人，而非僅僅是科學家們的學術產物。

相比於以前，現代人的生活更加孤立，人與人之間連繫的減少非常不利於我們理解人性。從童年開始，我們與同伴的連繫就被家庭隔斷，當我們與他人之間的交往減少時，我們很有可能對他們的行為產生誤解、錯怪他們，甚至與他們成為「敵人」。我們經常會看到，一起走路或一起說話的兩個人仍然可能將對方當作陌生人，這種情況不僅會出現在社會中，也會存在於家庭中。父母經常抱怨他們無法理解孩子，而孩子又總是抱怨自己被父母誤解。對他人的理解程度決定了我們對他人的態度，當我們不了解他人時，我們很可能會依據表面的假象做出錯誤的判斷。因此，理解人性是社會關係的基礎，也是人類生活融洽的前提。

前言

　　為了使人性研究成為一門嚴謹的科學，我們決定從醫學的角度出發，探究人性研究的基本假設是什麼、我們需要解決怎樣的人性問題及我們預期的結果是什麼。

　　精神病學就是一門需要充分理解人性的科學。精神科醫生需要盡可能快速並準確地了解精神病患者的內心，只有這樣，他們才可能提供有效的診斷和治療。如果精神科醫生的判斷出現錯誤，就會導致相應的後果；只有當醫生對患者的內心有充分的了解時，他才有可能成功治癒患者。因此，精神病的治療是對我們能否真正理解人性的一個很好的檢驗。但是，在日常生活中，由誤解而產生的不良後果雖不會立刻出現，但這並不意味著誤解的危害會隨著時間的推移而減弱，有時我們可能會在幾十年後發現自己對他人的誤解給他人造成了非常不好的影響。因此，不僅是精神科醫生，我們每個人也都有義務和責任學習關於人性的知識。

　　對於精神病的研究結果顯示，精神病中的精神異常、情緒紊亂、錯誤理解等問題在正常人中也會出現，唯一的區別是精神病患者在這些問題上表現得更明顯、更容易辨識。因此，對於精神病患者的研究更有利於我們了解正常人的行為表現和特徵。

　　透過對精神病患者的研究，我們有了很多重要的發現，其中之一是我們發現決定個體生命發展的最重要階段是童年時期，這與很多學者的觀點一致。不同的是，我們認為一旦可以

確定個體童年時期的經歷，就可以將其與個體之後的行為表現相連繫，並且兩者之間應該具有一致性和整體性。透過將個體童年時期與成年期的經歷和態度相對比，我們發現心理過程的表現形式並不僅僅由心理過程本身決定，還需要從整體上考慮個體的行為模式和生活方式，從而能更容易理解個體的心理過程，並且也會發現個體童年時的觀念與成年後的觀念是完全一致的。從心理發展的角度來看，某些心理過程的外在表現形式或表達方式可能會隨著時間的推移而改變，但是從內在來看，其內在的動力和最終想要達到的目標並沒有改變。比如：一個焦慮症患者可能會經常產生懷疑和不信任的想法，並且盡量與社會保持距離，但是與這些症狀有關的特徵在他三四歲時就有相應的表現，只不過被人們忽略了。因此，我們希望將關注點聚焦在患者的童年時期，進而推測患者在成年後的某些特徵表現；並且，我們認為個體成年後的表現就是他們童年時期經歷的直接對映。

以上我們的觀點全部基於一個假設，即成年後個體很難擺脫童年時期對自己的影響，幾乎沒有人可以改變自己童年時期的行為模式，所以我們才可以透過患者對自己童年時期的經歷的描述來準確地推測他們當前的人格特徵，即使他們成年後的生活環境與童年時期不同。另外，個體成年後對生活態度的改變也並不意味著行為模式就會改變，童年時期和成年期的心理目標仍然是一致的。同樣地，如果我們想要改變患者的行為模

式，關注個體成年後的經歷是沒有意義的，還需要從童年時期經歷入手，去發現患者最基本的行為模式，更容易理解患者的人格特徵並對病症做出合理的解釋。

因此，想要更容易理解人性、研究人性就離不開對個體童年時期的研究。雖然已經有很多研究開始關注生命最初幾年的經歷對個體的重要影響，但是仍然還有很多值得我們去發現和探究的東西，畢竟這對人性研究來說有著重要的意義。

為了不使人性研究誤入一家之說，我們希望大家能夠一起來發展人性研究，畢竟我們的研究成果並不是為了自己的利益，而是為了讓所有人都受益。在很多年前，我們已經開始將自己的研究成果引入教育學領域。教育學對每一個想要檢驗自己研究成果的學者來說都像一個巨大的寶庫，因為教育學和人性科學一樣，它不僅僅需要在書本上被展現，更需要在生活中被實踐。

就像畫家在畫一幅畫時需要充分地感受畫中人物的特徵，我們在認知自己時，也應該透過自己外在所表現出來的歡笑與悲傷，去了解內在真實的自己。人性研究就像一門藝術，它透過很多方法來表現自己與其他事物的連繫，從而幫助我們更好地認知其他事物。在文學作品和詩歌中，人性研究的首要目標就是擴大我們對於人類的認知，只有這樣，我們的心理才能發展得更好、更成熟。

但是，目前我們在人性研究方面還存在很多問題，其中最

大的困難是人們相信自己對於人性的認知是非常敏感的，幾乎沒有人認為自己不了解人性，即使他們並沒有做過任何的人性研究。如果要求他們把自己所掌握的關於人性的知識拿出來檢驗一下，這簡直就是對他們的冒犯。而那些真正想要了解人性的人通常能藉助其同理心意識到人的價值，他們能與那些經受過心理困擾的人們感同身受。

但正是因為存在這樣的困難，我們才更需要尋找方法來解決。當我們在表達對某個人的看法時，應盡可能地小心謹慎，因為沒有人願意讓自己被隨便地定義。比如：炫耀自己對人性的了解，或者在晚餐時談論鄰居的性格特點，這些都是對於人性知識的誤用，如此一來，可能會使那些不了解人性的人對其產生錯誤的認知，即使對那些了解人性的人來說，這也會讓他們感到難堪。理解人性的過程需要我們虛心地求證，任何關於人性的實踐研究結論都不能隨意而草率地得出。

所以，我們建議那些認為自己了解人性的人首先檢驗這些結論是否適用於自身，否則不應該將人性研究的成果強加於那些真正深受其害的人身上。同時，為了不給人性研究帶來新的困難，我們需要承擔一些充滿激情但考慮不周的年輕研究者所犯的錯誤。我們還要保持謹慎，確保結論的完整以及對人類的益處，只有這樣我們才能最終將人性研究的成果公之於眾。

在繼續深入探討人性問題之前，我們需要再次對上文提到的一個觀點進行解釋。也許很多人難以理解，為什麼一個人的

前言

生活風格是無法改變的，明明他在生活中會有很多經歷，而這些經歷應該是可以改變他對生活的態度的。每個人都會對自己的經歷做出一定的解釋，但是沒有任何兩個人在面對同一件事情時會給出相同的結論。另外，並不是所有的經歷都會讓我們變得更聰明，也許我們可以從一些經歷中學會如何避免再次犯同樣的錯誤，學會與他人相處，但是我們的行為模式並不會因此而改變。所以，每個人的經歷背後都存在一個共同的目標，並且這些經歷與他的生活風格相一致。正如俗語所言，我們的經歷由我們自己決定。人們從自己的經歷中所總結的也不過是他們想要得到的結論。

比如：一個人不斷地犯同樣的錯誤，他可能會得出一個與眾不同的結論，認為自己日後就可以避免再犯這個錯誤了；他還可能會否認自己曾在同一個問題上多次犯錯；或者他會責怪父母對他的教育，或者他可能抱怨沒有人關心他，或者是因為自己被寵壞了，或者是因為自己遭到了不公平的對待，他可以找到各種藉口來為自己的錯誤辯解。但無論他想用什麼樣的藉口來掩蓋自己的錯誤，其實根本上都說明他想要逃避責任。因此，透過辯解，他認為他似乎就可以避免被指責，並且把錯誤歸咎於別人。在面對錯誤時，人們往往會忽視自己並沒有付出太多努力的事實，相反，他們只會擔心錯誤是否還存在，並將錯誤出現的原因歸結於教育等問題。可見，我們對於同一經歷可能有很多不同的解釋，並且從中得出不同的結論，這在根本

上是因為我們內在的行為模式始終不會改變，我們只能透過改變對經歷的解釋使其符合我們的行為模式。所以，對人類來說，最難的事情莫過於了解自己然後改變自己。

任何不了解人性理論和人性研究方法的人很難教育他人成為更好的人。因為當他不了解人性時，他所能做的只是表面功夫，並且相信只要外在改變了，個體的行為模式就會發生顯著的變化。但是，實踐讓我們意識到這樣的方法根本無法改變一個人，如果個體只是改變了外在表現，內在的行為模式沒有改變的話，這樣的改變是毫無價值的。

可見，想要改變人類並不是一個簡單的過程，需要我們對改變的過程保持樂觀和耐心，並且摒棄私人的虛榮心，因為被改變的個體沒有義務成為我們藉以虛榮的對象。同時，轉變的過程應該以一種合理的方式進行，就像一道美味的菜，如果拿給一個還沒有準備好享用它的人，或者上菜的時機不恰當，那麼品嘗菜的人可能品嘗不出菜的美味。

除了個人層面，人性研究還存在社會層面的意義。當人們能更好地了解彼此時，必然能夠更好地相處，更願意與他人保持親密的關係，不願讓對方失望，並且會減少對他人的欺騙。因此，我們必須讓從事人性研究的工作者們意識到人性研究存在的未知影響，人類行為背後所隱藏和偽裝的真實人性，並且從實踐中彰顯人性研究的社會意義。

那麼，哪些人是最適合進行人性研究並將其付諸實踐的

呢？僅僅從理論上進行人性研究，知道一些法則或分析數據的
方法，而不在現實中進行實踐，這是遠遠不夠的。我們需要將
研究成果應用於實踐，並將各種成果關聯起來，發現一些更清
晰、更深入的研究成果，最終將人性研究成果在生活中進行檢
驗和應用，這才是從理論上進行人性研究的真正目的。除此之
外，目前人性研究還存在很多問題，其中一個重要原因是，在
我們的教育中，關於人性的知識太少，而且我們所學到的很多
人性知識都是不正確的。因為當代教育並沒有給予孩子們關於
人性的有效知識。孩子們只能憑藉自己的想法解釋自己的經
歷，只能在課程學習之外發展自我。從傳統上來看，人類一直
就沒有想要真正了解人性，人性研究在今天就像化學在煉金術
時代一樣。

　　究竟哪些人最適合從事人性研究呢？我們認為，那些在當
今複雜而混亂的教育系統中，仍然能夠不脫離社會關係的人最
適合進行人性研究。總結起來，這些人要麼是樂觀主義者，要
麼是勇於與悲觀抗爭的悲觀主義者。但是，僅僅能夠與他人保
持社會關係是不夠的，還需要有一些與人性相關的經驗。在缺
乏人性教育的今天，有一類人可以真正地理解人性，那就是懺
悔的罪人。他們要麼能將自己從某種精神問題中解脫出來，要
麼已經從自己的問題中得到某些啟發。除此之外，其他人當然
也可以了解人性，尤其對於一些天生就能辨別人性以及共情能
力很好的人。能夠真正了解人性的人會在生活中充滿激情，而

懺悔的罪人在當今一樣寶貴。當一個人可以擺脫生活的苦難，讓自己從生活的泥沼中掙脫出來，並且從一些痛苦的經歷中發現對自己的益處，理解生活的善與惡並不斷提升自己，那麼，我們相信沒有人可以比他更了解人性。

　　當發現一個人的生活方式無法使他自己過上幸福的生活時，我們有義務運用我們所了解到的人性知識幫助他改變自己的某些錯誤觀念，使他調整後的觀念既能適應社會又能讓自己生活幸福。比如：我們可以提供他一種新的思考問題的方式，並且讓他了解到社會意識和集體意識的重要性。但是，我們也不應該期望給他創造一個理想化的精神世界，畢竟對一個迷茫的人來說，一點新的想法都可能使他受益匪淺。所以在某種程度上，我們所提出的關於人類行為存在因果關係的嚴格決定論的觀點也並非錯誤，這種因果關係並不同於一般意義上的因果關係。當一個人有了自我覺知和自我批判的能力時，他對於自己經歷的解釋將會獲得新的價值；而當一個人可以決定自己的行為動力時，他對於自我的理解能力也會變得更強。因此，一個人一旦了解了以上關於人性的真理，他將成為一個不一樣的人，而這些關於人性的知識也必然會在他身上發揮作用。

前言

01

第一部分　掌控人類行為

$\cdots\cdots\cdots\cdots\cdots\cdots\cdots\cdots\cdots\cdots\cdots\cdots\cdots\cdots$

阿德勒認為，我們對世界的理解程度決定我們對世界的態度，我們的命運也由自己的內心決定。因此，理解並解決人性問題對我們來說至關重要，它是我們建立社會關係的基礎，是生活融洽的前提。

Adler believes that our understanding of the world determines our attitude towards the world, and our fate is also determined by our own hearts. Therefore, it is essential for us to understand and solve human nature problems. It is the basis for our social relations and the premise for our harmonious life.

第一章
靈魂

生命的定義與前提

　　我們通常認為只有能活動的、有生命的有機體才有靈魂，有靈魂的個體必須能夠自由活動。比如：長在土壤中的植物，它們無法活動，也就沒有靈魂，它們沒有情緒或思想，也感受不到疼痛，更不會因為無法避免苦難而憂慮。所以說，植物不具有理性和自由意志。

　　能夠運動是動物與植物的區別之一，它與個體內在的心理活動密切相關。人類心理演變的過程與機體的運動密不可分，人類可以憑藉記憶和過去的經驗在不斷地遷徙和發展中解決所遇到的問題，從而使自身能夠更好地適應生活環境。因此，人如果想要使自己的心理不斷發展成熟，首先需要確保自己的身體是可以自由活動的，而身體的活動又可以進一步刺激和促進個體心理的發展。換句話說，如果一個人的每一次運動都是設定好的、不自由的，那麼他的心理發展將會停滯不前，「只有自由才能促使人類進步，不自由將扼殺和毀滅人類」。

心理功能

　　如果從機體運動與心理活動密不可分的觀點來看，心理活動似乎就變成了機體在適應環境的過程中為了進攻或防禦而發展出來的一種與遺傳有關的能力，其最終目的是確保人類能夠一直在地球上生存下去，並不斷地發展和完善。沒有人是一座孤島，我們需要與外界環境接觸，我們在感受環境刺激的同時，環境也需要我們給予回饋。但是當外界環境想要摧毀人類時，人類又顯得很渺小，無論藉助怎樣的方法終究無法躲避。

　　從人類與環境的關係來看，人性與自然、優勢與劣勢這些相對的概念與個體本身密切相關，只有當人類在某一時刻真正地發現和了解自己時，這些概念才會被賦予意義。我們都知道，人類的腳在某種程度上其實是由手退化後形成的。對需要攀爬的動物來說，手的退化是不利於它們生存的；但是對需要行走的人類來說，腳反而更有利於生存。所以，退化不一定是不好的，反而是環境在告訴我們哪些功能對人類的發展是有利的，哪些是不利的。當我們想像著奇妙的宇宙、晝夜交替、太陽和原子以及人類的生命時，我們就會發現有無數種力量正在影響著我們。

人生的目的

生命的運動軌跡始終朝著一個目標前進。對人類來說，生命不是靜止的，而是由多種力量促成的複合體，但是該複合體最終只會為了一個目標而努力。這種目的論的思想是人類能夠更好地適應環境所發展出來的一種本能。

人生的狀態由目標決定。如果人生沒有一個終極目標，指導我們什麼時候做什麼事、是否要繼續或改變人生的方向，那麼人類將無法思考、沒有意識，無法堅持、沒有夢想。只有當個體能夠適應自身的發展並能夠適時地對環境變化做出反應時，才能最終形成屬於他自己的人生目標。無論是身體還是心理的變化都只有基於這個目標才能更好地發展，才能獲得生命動力的支持，而這個目標本身是可以變化也可以不變的。

因此，生活中很多現象似乎都可以被看作個體為未來情境所做的準備，我們只能依據個體外在的表現形式推測其目標是什麼，而無法真正了解個體的心理或靈魂。個體心理學也認為，每個人心理的外在表現形式都將指向其最終的人生目標。

在了解一個人的人生目標或者說世界的某些規律之前，我們必須先了解他的行為表現和表達方式，以及他為了實現自己的目標所做的努力。就像扔一塊石頭，我們可以猜到它接下來的運動軌跡，因此我們也應該了解個體為實現目標會做出哪些努力，雖然這一過程可能並不會遵循一定的自然法則，但人

生的目標本來就是會一直變化的。相反，如果一個人的人生目標始終不變，那麼他走出的每一步將非常明確，就像遵循了某種自然法則一樣。如果說人類世界存在一種法則，那麼也必定是人為形成的法則。如果有人認為他能很明確地說出人生的法則，那麼他不過是被表象所欺騙，因為一旦他認為自然與環境是確定不變的，他就不可能是正確的。如果一個畫家在作畫時，每一筆都會產生一個必然的結果，而他的畫作也可以完全地展現他自己的人生目標，就好像有一種自然法則存在其中，那麼這個畫家還有必要畫這幅畫嗎？

自然界與人類社會的不同之處在於對「自由」的理解。如今人們通常認為自己是不自由的，的確，當我們將自己與某個確定的人生目標綁在一起時，我們會感覺到被束縛。人類在宇宙、動物界和社會關係中的身分與地位也決定了人類必須遵循一定的法則，以實現人生的目標。但是，當一個人否認了他在社會中的關係，拒絕適應這樣的生活時，這些看似成立的法則將被全部推翻，並且他會重新建立起一個適應其目標的新法則。同樣地，一個群體的法則對想要擺脫這個群體的人來說也是不適用的。因此，我們認為只有當個體的目標適應其發展時，個體才會為了實現自己的目標付出必要的努力。

另一方面，我們也可以從一個人當前進行的活動中推測他的人生目標。這對個體來說十分重要，因為幾乎沒有人能確切地知道自己的人生目標是什麼，但是這對於理解人性又是必不

可少的。當然，個體的一種行為可能有不同的含義，我們無法從一種行為推測其背後的目標；但是，我們可以透過分析、比較個體的多種行為，用圖示的方法表示出來，在圖示中用點和線將個體的不同行為連繫起來，並在其中標注出時間變化。運用這種方法更有利於我們獲得對生命的整體認知。下面將透過一個例子講述我們是如何將一個成人的行為模式與其童年時期的行為模式對應起來，並且發現兩者之間驚人的相似性的。

有一位三十歲的男性，因憂鬱而找心理醫生諮商。在前三十年的生活中，他經歷過一些困難，也獲得了一定的成功和榮譽，但是他現在喪失了工作和生活的動力。他即將訂婚，但是卻對未來陷入了深深的懷疑。他的嫉妒心很強，還向諮商心理師抱怨了很多關於他的未婚妻的事情，但是他的說辭並不會讓人覺得問題出現在他的未婚妻身上，反而讓人懷疑是他自己的問題。他和很多想要接近他人的男性一樣，認為自己很有吸引力，但是一旦真正接近了，反而會表現出激進的態度，於是破壞了彼此之間的關係。

下面讓我們根據上文提到的方法，選擇他童年生活中的一件典型事件，並與他當前的生活態度連繫起來，畫出這位男性的生活風格圖。通常的做法是讓來訪者回憶一件自己童年的事情，但是我們無法準確地驗證他回憶的這件事情是否真實。這位男性回憶的關於童年的一件事情是：有一次，他的媽媽帶著他和弟弟一起去超市，由於當時的環境非常擁擠混亂，他的媽

媽只能把他抱在懷裡，但是當媽媽注意到應該抱他的弟弟時，他被放了下來，只能在擁擠的人群中跟著媽媽。當時他只有四歲，這件事給他造成了很大的困擾。根據他的回憶，我們可以發現一些與他現在抱怨的事情相類似的地方：他無法確定自己是被寵愛的人，更無法忍受其他人奪走他得到的寵愛。

童年時期的環境對孩子的影響，以及成年後人們對童年的印象往往塑造了人類行為的目標，所以說，一個人的人生目標可能在他生命的最初幾個月就已經被確定。也許你難以想像當自己還是嬰兒時人生的基調就已經被確定。在這個「地基」之上，我們不斷地成長，逐漸建立起它的「上部結構」，並隨著人生階段的變化不斷地修改所建立的上部結構。在多種影響之下，孩子很快就會形成自己的人生態度以及處理問題時獨特的反應方式。

有些研究者認為成人的人格特徵在嬰兒期就有所展現，這種觀點並不能說是錯誤的，他們所支持的是人格由遺傳決定的觀點。但顯然這種觀點對教育來說是不利的，這不但會阻礙教育工作，而且會挫傷教育者的信心。認為人格是由遺傳決定的觀點之所以盛行，不過是因為這種觀點對很多教育者來說是可以用來逃避責任的，即將學生的失敗歸因於遺傳。這顯然與教育的目的相悖。

我們的文化對人生目標的實現有著重要影響。文化使孩子意識到，如果想要實現自己的願望，想要獲得安全感和對生活

的適應，就必須經歷挫折，並且可以讓孩子在很小時就知道自己需要多少安全感。但是這種安全感並不是針對「危險」而言的，而是更深層次的、可以確保人類在最適宜的情境下持續生存的一種安全係數，類似於確保機器可以正常運轉的安全係數。對孩子來說，這一安全係數不但要能滿足本能的需求和發展的需求，而且孩子需要不斷地培養自己的優勢，採取新的方法提高自己的安全係數。在這一點上，孩子與成人類似，他們追求優越，希望能夠超越自己的競爭對手，保證自己能夠適應環境以及獲得足夠的安全感。但是，並不是所有希望都能如願。隨著時間的流逝，人生中的動盪與不安會越來越多，在世界需要孩子給予一定的回饋時，孩子若不相信自己有能力克服困難，那麼他將會陷入自卑和逃避的情緒之中，並且只會更加渴望獲得成功與榮譽。

　　在這種情況下，眼前的目標往往成為我們逃避更大困難的藉口，使我們想要暫時逃離生活的不易。我們應該清楚，問題的解決永遠都不會是一勞永逸的，任何方法都只能解決部分問題，並且只能是暫時有效的。尤其對孩子的發展來說，他們在成長過程中形成的人生目標往往都只是暫時性的，我們不能用成人的標準去衡量孩子。我們必須幫助他們看到更遠的未來，面對他們所設立的並為之奮鬥的人生目標，我們需要保持懷疑。如果我們想要真正地了解孩子，了解他們的人生目標，我們必須了解每類孩子的特性，學會以他們的視角去思考問題。

比如：樂觀的孩子相信自己能夠輕鬆地解決遇到的各種問題，可以在自己的能力範圍內有不同的人生體驗，他們勇敢、開放、坦率、勤奮、有擔當。相反，當悲觀的孩子不相信自己能夠解決問題時，他們又會為自己設立怎樣的人生目標呢？世界對他們來說是令人沮喪的，他們膽怯、內省、懷疑自己，不斷尋求自我保護。悲觀的孩子的人生目標也許能超越自己可以達到的界限，但是相比於別人鬥志昂揚的人生，他們的人生目標是遠遠落後的。

第二章
人的社會屬性

如果你想要了解一個人的內心想法，那麼你必須先了解他與其他人之間的關係。人與人的關係一方面由人的自然屬性決定，可以有所變化；而另一方面由某種固定的機制決定，比如：政黨或國家的政治體制。社會關係是人際關係的重要方面，如果不了解人與人之間的社會關係，我們將無法真正地理解人性。

絕對真理

人類的不自由相當程度上是因為我們需要解決不斷出現的問題，這些問題限制了我們的行為，而這些問題本身與我們的群體生活密不可分。群體會影響個人，但是個人很難反過來影響群體。群體生活會牽扯到很多人的利益，群體的形態又總是處於不斷地變化之中，使我們很難預測群體最終的存在形態。群體關係的大網將我們籠罩其中，很多關於人性的問題在群體中都變得模糊起來。

如何解決這一問題？唯一的辦法就是假設群體的存在是一種永恆的絕對真理。只有這樣，我們才有可能解決由群體形態

的不確定和人類能力的有限所帶來的問題與困擾。

　　經濟基礎決定上層建築。經濟基礎是指人們的生活方式，而上層建築則是人們的思想和行為。我們對於「人類共同生活」和「絕對真理」的構想在一定程度上與這一觀點一致。根據人類的歷史發展特點以及我們對個體生命的觀察（即個體心理學）可知，人們有時無法避免地會對經濟形勢做出錯誤的反應，這時我們需要做的是面對問題而不是逃避問題，因為逃避問題只會使我們錯上加錯，陷入某種惡性循環，並且在我們通往絕對真理的路上必然還會遇到無數類似的問題。

群體生活的必要性

　　人類其實是非常適應群體生活的，就像適應天氣的變化一樣 —— 我們知道如何抵禦寒冷，知道什麼時候適宜建造房屋。同時，我們甚至不需要完全理解群體的運作機制，就像宗教，在這些群體中存在著某種被眾人承認的宗旨，可以很好地將群體內的成員聯合起來。影響人類生存的因素首先是自然環境的制約，其次是社會和群體生活中的法律法規。在人類文明史上，群體生活要遠遠先於個體生活，我們無法找到任何一種獨立於群體之外的生活方式。不僅在人類社會，動物世界同樣如此，對那些無法透過一己之力保護自己的物種來說，它們必須透過群體生活積聚力量，確保自己能夠生存下去。

　　人類同樣具有動物的這種本能，但是與動物不同的是，人類具有一種強大的抵禦環境威脅的武器，那就是靈魂。人的靈魂本質上與群體生活關係密切。達爾文在很早之前就提出：尚未發現適宜獨立生活的弱小的動物。人類在某種程度上也是這些弱小動物中的一種，我們並沒有強大到可以獨自生存，如果不藉助各種工具，人類對於自然的抵抗能力是微乎其微的。你可以想像，如果一個沒有任何工具的人在原始森林中獨自生活，他沒有其他動物的速度與力量，沒有鋒利的牙齒、敏銳的聽覺，也沒有極佳的視力，他根本無法在關乎生存的戰鬥中戰勝其他動物。人類必須依靠各式各樣的工具和手段才有可能確保自己生存下去，並且保證一定的營養供給和生活條件。

　　可見，人類必須依賴於外界的有利條件，才有可能維持自己的生存，社會生活對人類來說是必需的。人類只有透過群體生活和勞動分工，使自己歸屬於某一群體，才可能生存下去。勞動分工（本質上就是一種文明）本身就是人類獲得對事物所有權的一種手段，只有學會分工，人類才能學會如何維持自己的生存。人類的生存考驗從分娩的那一刻起就已經開始。從一個人誕生的那天起，他需要在各種照顧和保護中才可能存活，而這一切都離不開社會的分工。在孩子長大的過程中，尤其在嬰兒期，面對各種疾病的威脅，他們不得不需要他人的照顧。所以我們必須意識到社會生活的必要性，群體生活正是對人類生存的最好保障。

安全與適應

依照前文所述，人類在自然界中並不算是優勢物種，在人類的集體意識中自卑和不安全感一直存在，但這也反過來激勵著人類不斷去發現更有效的方法適應自然，以弱化人類天生的劣勢。最終人類發展出強大的心理功能，這在一定程度上改善了人類的安危和適應問題。畢竟想要在人類身上增加一些其他的像犄角、爪子或牙齒一樣的防禦器官是很難實現的，而心理功能則較為容易改變，並且也能夠相對有效地抵禦自然環境的威脅。隨著心理功能的發展，人類可以從挫折中學會預測和預防可能出現的問題，具備指導人類思考、感受和行為的能力。除此之外，群體生活對於人類的適應也有著重要影響，所以人類心理的發展必然要從群體生活開始，並以群體生活的邏輯作為心理功能發展的重要原則。

群體生活的邏輯具有普遍的適用性，而通常只有普遍適用的才是合邏輯的。群體生活中的另一個重要工具是語言，這也是人類與其他動物的區別所在。語言的形式可以進一步表明人類與社會的關聯。比如：在一個人獨處的時候，語言是完全用不到的；只有當很多人在一起時，語言才是一種必要的交流方式。語言是群體生活的產物，是連線群體成員的紐帶。為了證明以上觀點，我們以那些在成長過程中很難或無法與他人接觸的人為例，這些人可能出於個人選擇或者被迫的原因在童年時

期切斷了與人類社會的連繫，致使他們喪失了語言能力，即使長大後重新與社會建立連繫，他們也很難再學會說話，甚至完全不具有學習語言的能力。所以，語言能力的掌握必須建立在與他人保持連繫的基礎之上。

在人類社會的發展過程中，語言有著無比重要的價值。只有當語言存在時，我們才有可能具有邏輯思維，才有可能創立概念、理解不同價值觀之間的差異，這些概念不是某個人的事情，而是關乎整個社會的發展的。根據普遍適用性的原則，只有當我們認為某些思想和情緒可以普遍適用時，這些思想和情緒才有意義。比如：在欣賞美好事物的時候，只有當我們對「美好」的認知、理解和感受可以在人們之間普遍適用時，我們才能感受到這一美好事物帶來的喜悅。因此，像理性、邏輯、倫理和美學等思想與概念，它們都起源於人類的社會生活，並且作為人與人之間交流的紐帶，它們的最終目的是防止人類文明的瓦解。

除此之外，欲望和意志也能幫助我們更好地了解人性。當個體出現某種不適感時，意志可以幫助人們找到適應的方法。欲望或者說是意志驅動著人們做出某些行為，幫助人們擺脫不適感，尋找並達到一種令自己滿意的狀態。

社會意識

社會中的任何規則其實都是為了保障人類的生存，例如：法律、圖騰、迷信或教育，而對社會生活中這些規則的適應是人類心理發展的重要功能。我們把公平和正義作為人類品格中最有價值的品格，不過是因為它們符合了社會生活的某些必要條件而已。這些條件塑造了人類並指導著人類的行為，責任、忠誠、坦率、熱愛真理等都是社會生活中普遍適用的準則，我們可以依據社會的這些標準來評判一個人是好人還是壞人。就像科學、政治或藝術中的成就一樣，人格的標準也只有在被證明可以普遍適用時才有價值。通常，我們依據一個人為人類所做出的貢獻來衡量這個人的價值，或者將他與某個理想對象相比較，比如：一個為社會解決很多問題和困難的人或者一個具有極高社會意識的人。所以，只有當我們足夠了解社會中的其他人，了解被我們拿來與之比較的理想對象時，我們才能獲得更好的成長與更快的發展。

第三章
兒童與社會

　　社會需要人們履行義務，並且這些義務會影響到人們的生活方式和心理發展。人類與社會的關係好比兩性之間的關係，不過人類與社會並不是孤立的男性和女性，而是像丈夫與妻子。丈夫需要滿足妻子的安全需求、基本的生活需求，並努力地為她創造幸福，而社會賦予每個人的義務就是確保人類社會的延續，就像丈夫之於妻子。當看到一個孩子的發展非常緩慢時，我們會意識到如果不採取某些措施保護他們，人類的演化過程很可能會就此終止。生命的存在需要分工，但分工並不是為了將人類分離，而是進一步加強人們之間的聯結。

　　鄰里之間互幫互助，同胞之間手足相連，人與人的關係都是從這些點滴之處發展而來的，而這些關係的建立通通需要我們從生命誕生之初談起。

嬰兒的處境

　　每個孩子都需要依靠群體的幫助才能生存，在得到幫助的同時，社會對他們也有所期待，希望他們能夠適應環境並對生

命感到滿足。但是，成長的過程必然充滿坎坷，克服困難的過程也必定傷痕累累。孩子在很小的時候就會發現成人似乎能夠更好地滿足自己的欲望，更能隨心所欲地生活。此時孩子的心理已經開始發育，他們透過不斷地整合使心理功能逐漸完善，並為日後的正常生活做好準備。在周圍環境的影響之下，孩子的身體和心理逐漸成熟起來，學著透過內在需求的滿足減少心理衝突。隨著年齡的增長，孩子開始特別重視地位和名望的作用，他們渴望自己也能擁有權力命令他人，讓他人服從自己。因此，孩子開始渴望成長，渴望超越其他人，甚至將生命的首要目標設定為能夠掌控自己身邊的人。他們也知道大人表現得像自己的「下屬」，只是因為自己的弱小使大人必須對自己負有法律責任。擁有以上意識的孩子通常有兩種不同的行為傾向，一種是採取與成人類似的方法，學著控制他人；另一種是承認自己的弱小，讓成人來幫助自己。

　　每個人的人格類型在早期就已經形成。一些孩子會選擇不斷地獲取力量，展現自己的勇氣，得到他人的稱讚。而另一些孩子則會懷疑自己的能力，並透過各種方法來驗證自己的判斷。回想我們對不同孩子的態度以及和他們的關係會發現，只有一部分孩子可以適應群體，適應和其他人的相處。但是，當我們了解了每一種人格特徵與環境的關係時，我們就會發現，每一種類型的人都有其存在的意義，並且環境會透過孩子的行為回饋我們關於這一問題的答案。

　　教育的前提在於孩子願意努力地彌補自己的不足，因為不足可以激發孩子的天賦與才能。但是，現在每個孩子的處境都非常不同。比如：某些環境對孩子的發展非常不利，而這種不利的處境會讓孩子認為整個世界都是他的敵人，這種印象一旦形成，會在孩子不成熟的思想中被不斷地加工。如果教育沒有及時地糾正孩子的這種錯誤想法，那麼很有可能在多年以後他就會真的把世界當作自己的敵人，並且這種印象會在他日後遇到挫折和困難時被不斷加深。尤其是對那些因身體器官問題導致的器質性自卑的孩子來說，他們可能會因為運動能力不足、某些生理缺陷或者整體的抵抗力低下而頻繁地生病，這可能最終導致他們在面對世界和環境時與那些正常孩子的態度完全不同。

　　身體缺陷當然不是孩子在面對世界時感覺困擾的唯一原因，當環境向一個孩子提出不合理的要求（或者提出要求的方式不恰當）時，其所帶來的困難完全不亞於真實環境中的困難。當一個孩子想要適應環境，卻發現自己根本找不到適應環境的方法時，比如：他在一個充滿了膽怯和悲觀的環境中長大，那麼這些情緒會很快地侵襲他，使他根本無力反抗周圍的環境。

困難的影響

　　每個孩子在成長的過程中都會遭遇各式各樣的困難，加之他們的心理功能還未發育成熟，應對困難的方法難免不足，而

現實環境又是不斷變化的，因此，在某些情況下他們必然會無法應對所出現的問題。對成人來說，當我們發現自己做出了某些錯誤決定時，我們會盡快地糾正自己的行為，使人生重回正確的軌道。雖然孩子還不具有成熟的解決問題的能力，但是他們也會在解決問題的過程中形成某種固有的行為模式。我們可以根據他們在青春期的表現來確定，並且透過一定的行為模式更好地了解孩子的心理。但是，我們必須清楚，任何人的行為反應均無法僅根據一種行為模式就被定論。

　　孩子在心理發展過程中遇到的困難通常會導致其社會意識發展受阻或扭曲。從困難來源的角度來看，一部分孩子會因物理環境產生心理發展的問題，包括經濟條件、社會環境、種族或家庭環境中的某些異常關係；另一部分孩子則會因為身體器官的缺陷導致心理發育遲緩。人類文明的演化過程是以健康和發育成熟的身體器官為基礎的，所以對那些在重要器官上存在缺陷的孩子來說，這顯然會為他們的生存帶來很多問題。缺乏行走能力、語言能力或大腦發育遲緩都將使這些孩子在發育的某一階段比其他正常孩子花費更長的時間，並且這些孩子可能會在走路的過程中不斷地撞到自己，身體受傷的同時心靈也受到傷害。對他們來說，這個世界似乎並不適合他們生存，他們無法感受到世界的溫暖，只能不斷地遭受著生活帶來的各式各樣的困難。當然也有例外的情況存在，如果身體的缺陷並沒有給這些孩子的心理留下疤痕，缺陷的痛苦也並沒有使他們陷入

絕望，那麼時間就可以修復一切。

　　對有身體缺陷的孩子來說，他們很難理解人類社會的某些規則，也會對周圍環境給予他們的機會感到懷疑，不相信自己能夠獲得這些機會，並且他們通常會將自己與人群孤立起來，從而逃避所有出現的問題。他們可以敏銳地感受到生活對他們的敵意，並且會無意識地誇大這些來自生活的不滿。生活的苦難遠比光明更能引起他們的注意，以至於他們的一生都保持著一副準備戰鬥的姿態。他們渴望來自他人的關注，會更多地考慮自己而非他人，並將生命中的責任看作麻煩。長此以往，他們對世界的敵意使他們在自己與他人和環境之間形成了巨大的鴻溝，他們小心謹慎地生活，逃離現實與真相，但這只會不斷地為他們製造新的困難。

　　除了環境的影響和個體自身的缺陷，父母對孩子的態度也可能會造成很多問題。如果孩子成長的家庭環境無法讓他在很小的時候就感受到愛，那麼他以後將很難辨識他人的愛，也無法愛他人，甚至可能會逃避所有的愛與被愛。同樣地，如果父母、老師或其他的成人告訴孩子一些「道理」，讓他們認為愛是荒謬的、不正確的或者是缺乏男子氣概的，這些對於孩子的危害也是難以想像的。這種情況並不少見，尤其對一些經常被嘲笑的孩子來說，這些孩子會非常害怕表達自己的情緒和感受，因為在他們看來，向別人表達愛是非常可笑的。所以，「愛」的能力在一個人很小的時候就已經形成。但是，有時教育的殘酷

使我們不得不壓抑自己的愛，減少和周圍環境的連繫，以至於我們一點一點地失去了和自己內心的連繫。有時候，當一個人可能會很想要與他人建立關係時，他會選擇自己的一個朋友，並只與他建立深厚的友誼，因為我們的社會關係通常只針對一個人，而不是很多人。例如：一個男孩因為母親只關心自己的弟弟而感受到被忽視，那麼他可能會用一生來彌補童年時缺失的愛與溫暖，而這樣的經歷可能會使他在生活中遇到很多困難。因此，教育應該「對症下藥」，針對每個人的不同問題尋找解決的方法。

　　並不是說關於愛的教育越多越好，過度的愛與沒有愛的教育一樣有害，一個被過度寵愛的孩子和一個缺愛的孩子一樣存在很多問題。當一個被過度寵愛的孩子長大時，他對於愛的需求也會增加，他會將他人與自己綁在一起，不允許他們與自己分開，缺少與他人之間的邊界感。並且這些孩子對於愛的過度渴望還會隨著一些錯誤的經歷被不斷強化，甚至他們會將出現問題的責任歸結於成人。比如：我們經常會在某些家庭中聽到父母對孩子說：「因為我愛你，所以你必須這樣做。」此外，被過度寵愛的孩子還可能透過增加對他人的愛，迫使他人更依賴自己。對孩子來說，溺愛的方式對他們的未來非常不利，他們可能會透過一切正當或不正當的方法來保持他人對自己的愛。比如：將一切與自己爭奪愛的人都視為敵人，包括自己的兄弟姐妹；他們甚至會鼓動自己的兄弟去做壞事，以使自己獲得父

母更多的愛和表揚。為了獲得父母的關注，他們會給父母製造很多的問題與壓力；他們還會不遺餘力地獲取父母的關心，讓父母意識到自己比其他人更重要。在行為表現上，被過度寵愛的孩子可能是懶惰的孩子，會讓父母幫助他們一起解決問題；但是他們也可能是模範的好孩子，從而得到他人更多的關注與讚賞。

所以我們似乎可以得出一個結論：雖然我們的心裡想要達到的目標是一樣的，但是實現目標的手段卻可以是完全不同的。比如：同樣是為了得到父母的關心與愛，有些孩子成了小惡魔，有些孩子則成了榜樣；為了獲得其他人的關注，有些孩子採用任性無禮的方法吸引他人的目光，而有些孩子則透過自己優良的表現達到了同樣的目的。

與那些被過度寵愛的孩子類似，另外一些「嬌嫩」的孩子則無法選擇自己的人生道路。他們的能力被他們的「保護者」一點一點地剝奪，他們沒有機會履行自己的責任，在為自己的未來做打算的過程中他們不斷地被否定，他們不想要也根本沒有能力和其他人建立連繫。在人生的旅程中，這些孩子從來沒有機會練習如何克服困難，也根本沒有準備好如何度過自己的一生。他們就像溫室裡的花朵，一旦離開家庭的保護，沒有人會承擔起保護他們的責任，因此他們必然會遭遇各種失敗的打擊。

以上提到的孩子有一個共同點，那就是他們在成長的過程中或多或少地都感受到了被孤立。比如：腸胃不好的孩子對營

養有特殊的要求，因此他們的發育過程與正常的孩子完全不同；身體器官有缺陷的孩子因為獨特的生活方式而與正常孩子分隔開。還有一些孩子無法清楚地理解自己與環境的連繫，主動從環境中逃離，他們沒有志同道合的朋友，無法融入或者鄙視小夥伴們的遊戲，只沉浸在自己的遊戲中。還有那些被教育壓制的孩子也會感覺到自己被孤立。生活對這些被孤立的孩子來說顯然是不太美好的，這些孩子對於苦難的態度要麼是一味地容忍，默默地承受悲傷；要麼是充滿敵意地與生活不停地進行抗爭。對這些孩子來說，生活的苦難讓他們更在意和保護自己的個人邊界，以免再次受損。在他們的眼中，世界是不友好的，他們小心翼翼地躲避著困難，更沒有勇氣使自己暴露在任何可能存在的危險之中。

除此之外，這些孩子的另一個共同點是，他們社會意識的發展存在缺陷，也就是他們更多地只考慮自己而非他人。因此，他們眼中的世界是陰暗的，除非他們意識到自己的問題，否則不可能真正地獲得幸福。

人是社會動物

前文已經花費了很大的篇幅去講述，我們對於個體的了解必須建立在某種情境之下，依據特定的情境才能判斷一個人的人格特徵。這一情境可以建立在宇宙的大背景下，包括個體對

環境的態度、對生命的疑惑，比如：考慮住在哪、接觸的事物以及與哪些人成為朋友等，這些都是與人類存在有關的內在本能。一個人出生幾個月之後就可能決定他與自己一生的關係，嬰兒早期所形成的人生態度足以影響人的一生。所以，即使兩個嬰兒再相似，我們也不會在他們出生幾個月之後再把他們混淆，因為他們每個人都已經形成了自己特有的行為模式，並且很難再改變。隨著孩子的長大，社會關係將逐漸影響他的心理發展。在對愛的早期研究中，嬰兒會主動尋求與成人親近，這在一定程度上說明社會意識是一種天生的能力。對孩子來說，「愛」的對象總是指向他人，而不是佛洛伊德所認為的孩子的愛總是指向自己，也並非他所強調的孩子之間的差異總是展現在對性的渴望和表現形式上。在孩子兩歲之後，隨著語言能力的發育程度不同，除了一些患有心理疾病的孩子，其他孩子的社會意識都將顯著提升。社會意識貫穿於人的一生，在某些情況下它可能會發生變化或受到限制，還有可能會不斷地增加，直至擴展到他的家庭、族群、國家、整個人類，甚至可能會超越某種界限，將這種社會意識賦予動物、植物、無生命的物體，直至整個宇宙。作為我們研究的重要結論，只有充分理解「人類是一種社會性存在」，我們才能更容易理解人類行為。

第四章
我們生活的世界

宇宙的構造

　　為了更好地適應環境，人類發展出應對外界環境的心理機制，由於每個人對世界的理解不同，因而內心所追求的目標也各不相同，而這又往往與我們童年時期的行為模式有關。雖然在探索宇宙和世界的過程中必然存在很多我們無法解決的問題，甚至我們連自己的人生目標都不曾明確，但是它對我們來說就像一座永遠矗立在前方的燈塔，指引著我們不斷完善自己。正如我們所知道的，身體的運動需要向著一個目標出發，那麼心理的發展也需要有目標的指引。人們目標的建立並不是固定不變的，透過改變目標，我們可以更好地改變自己，實現某種程度上的行動自由，而自由對於每個人精神生活與內心世界的意義不言而喻。

　　想像一個孩子第一次站起來，那時他將進入一個全新的世界。在一個孩子第一次抬起腿學走路，嘗試行動的過程中，他可能會經歷各式各樣的困難，這些困難既可能讓他對未來充滿希望，也可能讓他對未來喪失信心。孩子成長過程中的某些經歷也

許對成人來說微不足道或者不值一提，但是卻可能對孩子的心靈產生巨大的影響，甚至塑造了他整個一生對於世界的印象。比如：如果我們問那些行動不便的孩子最喜歡的遊戲是什麼，或者長大以後想做什麼，他們的回答往往是想成為汽車駕駛員或者火車司機，這樣他們就可以戰勝那些妨礙他們自由行動的困難，而當他們能夠自由行動時，他們內心的自卑感將會消失。因此，人類的自卑感往往是在孩子成長過程中慢慢形成的，並且可能與所患的疾病有關。比如：眼睛有缺陷的孩子會努力將世界用視覺圖景描繪出來；聽覺有缺陷的孩子往往對某些能讓他們感到愉快的音符感興趣，甚至最終會成為一個「音樂家」。

　　人類在適應環境的過程中發育出了很多功能不同的器官，其中在決定人與世界的關係時，最為重要的是感覺器官。感覺器官可以幫助我們描繪出整個宇宙的景象，而在所有感覺器官中，眼睛通常是更為重要的，它可以讓我們注意到環境中的每一個人和事物，並從中獲取主要資訊，從而幫助我們更好地與環境融為一體。相比耳朵、鼻子、舌頭和皮膚等其他感覺器官，眼睛所提供的視覺資訊對我們的意義是無可比擬的，因為眼睛可以看到長久的、持續存在的資訊，而其他感覺器官只能注意到一些短暫的刺激。但是也有很多人以其他的感覺器官為主導器官。比如：以耳朵作為主導器官的人主要依靠聽覺資訊了解世界。但是很少有人以運動器官作為主導器官。此外，也有人以嗅覺或味覺作為主導器官，但人類的嗅覺相比於其他動物仍處於相對劣勢的地位。另

外，很多孩子的肌肉系統占據主導地位。肌肉系統發達的孩子往往焦躁不安，活潑好動，長大後他們也比其他人更喜歡運動，並且對力量型運動更感興趣，甚至在睡覺時也會比常人翻動更多。一些成人通常會誤認為這些肌肉系統發達的孩子是好動的、有問題的。總而言之，每個人都會有一個或多個主導器官，可能是感覺器官也可能是運動器官，我們會用自己最為敏感的器官去接觸並理解我們生活的世界。如果我們想要更好地了解他人，就需要從了解他的主導器官開始。

決定我們如何理解世界的要素

決定人類所有行為的是存在於這些行為背後的不變的目標，這一目標影響著我們內心的選擇，也塑造了我們對於宇宙的理解。我們每個人的生活，我們所經歷的每一件事，甚至我們所認知的世界都是獨特的、與眾不同的，每個人只會在意那些與自己的人生目標相符的事情。因此，如果我們不了解一個人內心真正的目標是什麼，就不可能真正地了解或評價他的行為。

A. 知覺

人類透過感覺器官將來自外界的刺激傳遞給大腦，在這一過程中，某些未經轉化的痕跡可能會殘留在大腦中，並激發起個體對世界的想像和記憶。但是知覺並不是簡單地將外界環境中的影

像拍攝下來，然後傳遞給大腦，一個人在感知世界的過程中往往
會加入自己特有的、具有個人特質的對世界的理解。一個人不會
感知到他所看到的一切，因此我們會發現，沒有兩個人會對同一
幅畫產生完全相同的理解。孩子對於環境的感知與他先前已經發
展出來的行為模式相適應，對視覺發達的孩子來說，他們主要依
靠視覺資訊感知世界。並且大多數人都是以視覺為主導的，其他
視覺不敏感的人則更多以聽覺資訊來感知世界。我們所感知到的
資訊與現實並不完全一致，每個人都可以將來自外界的資訊重新
組合使其適應自己的行為模式，而每個人獨特的個性和行為模式
正是由他所感知到的資訊與他的感知方式所決定。因此，知覺從
來不是一種簡單的物理現象，知覺具有一定的心理適應性，能夠
幫助我們更好地了解自己內心深處的想法。

B. 記憶

在知覺的基礎上，人類心理的發展與其所經歷的活動密切
相關。從出生開始，心理的發展就與機體的運動有關，而運動
的目標往往決定了個體的經歷。在成長過程中，每個人都需要
處理自己與世界的關係並應對環境中的各種挑戰，心理作為一
種適應性的活動，必須建立起一定的防禦機制以確保人類能夠
生存下去。

在面對生活中的問題時，每個人都會有不同的應對方法，
而這些不同的反應最終將塑造個人獨特的人生軌跡。為了適應

環境，記憶和對已經歷事件的評價對於人類有著無比重要的意義。如果沒有記憶，人類不可能對未來發生的任何事情做出預測。我們有時會根據記憶做出一些無意識的推斷，並且根據這些推斷去鼓勵或者警告他人做或不做某些事情。由於每個人的記憶都與自己的人生目標相一致，我們不必知道為什麼一個人記住了某些事情卻忘記了另外一些事情，因為任何記憶都是有意義的，它們對於人的心理發展都有著重要的作用，並推動著我們向著自己的目標不斷前進。與知覺一樣，我們不會記得那些不符合人生目標的事情，記憶的內容最終必將有利於個人的適應和生存，並且每段記憶都會受到每個人人格特質的影響。從童年時期開始，很多被保留下來的記憶也許是錯誤的，也許是帶有偏差的，但只要這些記憶對於我們人生目標的實現是有幫助的，那麼這些記憶不僅會被保留下來，甚至可能被擴展到意識之外，成為一種態度，一種情緒，甚至一種人生觀念。

C. 想像

　　幻想和想像是展現一個人個性的最佳方式。想像其實是知覺的複製品，只不過它在複製的過程中不需要有任何實際物體的出現。換句話說，想像就是再現的知覺，是一個人內心創造力的展現。但是，想像又不僅僅是知覺的簡單複製，而是在知覺的基礎上進行全新而獨特的建構，就像知覺建立在感覺的基礎上一樣。

幻想與想像之間還存在著細微的差別，幻想比想像更為清晰且強烈，幻想的意義往往超越了想像的具體內容本身，幻想甚至可以使原本不存在的刺激物如真實存在一般，對個體的行為產生重要的影響。所以當一些原本不存在的事物卻在個體幻想中真實出現時，人就會產生幻覺，而幻覺與「白日夢」類似，是我們內心的藝術創造，根據每個人不同的個性而有所差異。下面讓我們從一個年輕女子的例子中來更容易理解幻覺。

一個聰明的年輕女子違背了父母的意願結婚了，她的父母非常生氣，甚至和她斷絕了所有連繫。日子一天天過去，為了維護自己的尊嚴，年輕女子與她的父母都固執地不願和對方和解，年輕女子也越來越確信她的父母不愛自己。儘管婚姻使這名年輕女子的生活從原本的富足逐漸淪落為貧窮，但是沒有人能看出她的婚姻生活是不幸福的。如果不是她的生活中發生了一件奇怪的事情，也許她將逐漸適應這樣的生活。

這名年輕女子是她父親最喜歡的孩子，但是卻因為這場違背父母意願的婚姻使父女關係惡化。他們之間的裂痕已經非常深，甚至當女子生孩子時，她的父母也沒有去看望她和她的孩子。但是父母的這些「殘忍」行為反而激發了她的鬥志，她希望重新得到父母原本應該給予她的關心與照顧。

我們都知道心情有時會受到信念的影響，正是因為這名女子所具有的這種人格特點才會使她與父母之間的裂痕對她造成了巨大的影響。她的母親雖然很嚴厲，但是她本身是一個堅

毅正直、具有很多優良品格的女性，她能兼顧家庭與事業。此外，這個家庭裡還有一個兒子，兒子在傳統意義上通常被認為是家族的延續，家族的繼承人，所以某種程度上兒子要比這名年輕女子在家庭中的地位更高。這些都進一步激發了這名女子的好勝心，婚姻更促使了這名從小在父母庇護中長大的女子開始不斷思考父母是如何對待她的。

一天晚上她正要入睡，房門突然被開啟，聖母瑪莉亞走到她的床邊跟她說：「我非常愛妳，所以我必須告訴妳，妳將在十二月中旬死去，我希望妳有所準備。」

這名年輕女子並沒有被這一幻影嚇倒，她叫醒了丈夫並告訴了他剛剛發生的事情。第二天她去看了醫生，醫生說這是她的幻覺，但是這名女子堅持認為自己看到和聽到的一切都是真實的。雖然這一切看起來不太可能發生在現實生活中，但是運用我們前文所講述的理論就可以很好地做出解釋：這名年輕女子好勝心強，總想要控制其他人，她又和父母斷絕了連繫，並且使自己陷入了貧窮的境地。當一個人想要征服周圍的一切時，他非常有可能會感覺到神的出現並且發現神在與自己交談。正如醫生所說，那只是幻覺，但是顯然這名年輕女子並不這麼認為。

當我們了解人的心理為了適應生存可以編造出各種「詭計」時，就會發現這種現象根本不奇怪。每個人都會做夢，只不過這名年輕女子是在清醒的時候做夢。當她夢到另一個母親，並且

是人們所謂的最偉大的母親來找她時，她就會對兩個母親進行比較，正是因為自己的母親不會出現，上帝的母親才會出現，這一幻覺其實是她對自己的母親不夠愛自己的指控。

這名年輕女子正在尋找各種方式來證明自己的父母是錯的。十二月中旬這個時間不同尋常，因為每到這時，人們會更期待自己能與他人建立親密的關係，大部分人都會給予彼此溫暖，互送禮物。因此，對這名女子來說這個時間是與父母和解的最佳時間。

在這名女子的幻覺中有一件讓人匪夷所思的事情，聖母瑪莉亞用非常友好的方式告訴了這名女子她即將死去的資訊，並且她在對丈夫講述這件事情時也是非常愉快的。這件事情很快被她的家人和心理醫生知道了，原因很簡單，因為她的母親去看過她。

幾天之後，聖母瑪莉亞再次出現在這名女子的幻覺裡，並且和她說了同樣的話。當被問到和母親會面結果如何時，她說母親並沒有承認自己的錯誤。由此可以看出，她想要控制母親的欲望再次沒有得到滿足。

儘管在這次會面中父親和她的關係得到了好轉，但是她對於這樣的結果仍然不滿意，因為她認為父親的關心來得太遲了。所以即使這名女子最終得到了自己想要的東西，但她還是想要證明其他人都是錯的。即使結果如她所願，她還是無法感到滿足。

　　正如上文所說，幻覺往往在一個人的心理壓力最大或者害怕自己的目標無法實現時出現。在以前，落後地區的人們會更多地出現幻覺，並且對他們有著巨大的影響。

　　在描寫旅客的文學作品中也經常會出現對幻覺的描述。比如：在沙漠中迷失方向、飢渴疲倦纏身的旅人往往會看到海市蜃樓。當生命處於危險之中時，人們只能透過想像一個充滿希望的場景支撐著自己逃離當下環境的壓迫。海市蜃樓就是一種可以帶給人們希望的幻境，它給予疲憊的人力量，使旅人更加堅強；同時它又像是一種迷幻劑，可以減少人們被恐懼折磨的痛苦。

　　幻覺對我們每個人來說都不陌生，它其實與知覺、記憶和想像的過程都是類似的，我們可以將幻覺與做夢等同。當人們在某種危險中受到威脅時，幻覺可以幫助個體減輕無力感，甚至是克服當下的困難。個體所遭遇的心理壓力越大，幻覺就越可能衝破束縛而出現，通常在這種情況下，我們會聽到內心有聲音不斷地告訴自己要「盡己所能」，從而使心理能量不斷積聚，最終使想像的畫面以幻覺的形式表現出來。

　　錯覺與幻覺類似，唯一的不同在於錯覺還保留著與外界真實的連繫，只不過是對事物產生了錯誤的解讀，就像歌德的敘事詩《魔王》中所寫的一樣，其實兩者在本質上都與心理壓力有關。

　　下面我們將透過另外一個例子來說明個體內心的需求如何

導致個體產生錯覺和幻覺。一個出身不錯的男性由於沒有受到良好的教育，因此只能做一名薪水很低的小職員。日子一天天過去，他漸漸放棄了升遷加薪的想法，除了生活上的壓力，朋友之間的比較也對他造成了很大的心理壓力。他開始酗酒，藉助酒精來麻痺自己，讓自己忘記失敗。酗酒後的一段時間，他因為酒精中毒出現震顫性譫妄而被送到醫院。譫妄與幻覺類似，醉酒者通常會看到有老鼠、昆蟲或蛇等一些小動物出現，還有可能出現一些與醉酒者職業有關的幻覺。

這名男性被送到醫院之後，在醫生的幫助下成功戒酒，並且其他問題也全部被治癒，此後他三年之內都沒有再碰過酒。但是，三年之後，他又因為新的症狀回到醫院，他跟醫生說自己在工作時總是會看到一個笑咪咪的男子一直盯著自己。他現在從一個小職員變成了一個體力勞動者。有一次這個笑咪咪的男子又在盯著他看，他非常生氣地拿起手中的鋤頭向那個男子扔了過去，他也想試試那到底是一個真人還是一個幻影。結果那個男子躲開了他的鋤頭，並且反過來攻擊他，他感覺自己被重重地打傷了。

因為這件事情，他開始相信這並不是自己的幻覺，那個笑咪咪的男子也不是一個幻影。其實自上次出院以來，對酒癮的擺脫並沒有讓他的生活變好，反而更糟了。後來他丟掉了原來的工作，還被家人趕了出來，現在他只能做著朋友眼中最下等的臨時工的工作。可見，他的心理壓力並沒有因為戒酒而得

到緩解，反而使自己變得更加貧窮。以前他還有個小職員的工作，甚至當家裡人責備他一事無成時，他還可以因為自己是個酒鬼而不至於太羞愧。但是現在他只能面對現實，在失敗的時候他甚至無法拿酒精作為自己無能的藉口。

在巨大的心理壓力下，幻覺再次出現。他將自己置身於以前的情境中，像一個酒鬼一樣環視世界，他說是酒精毀了自己的一生，導致自己現在什麼也做不了，什麼事情都決定不了，他寧願自己是有病的，這樣至少還可以維護自己最後的尊嚴。當這些幻覺持續了很長時間後他不得不再次來到醫院。這樣他起碼還可以安慰自己若不是酒精毀了自己的一生，他本可以做更多的努力，從而維護自己的尊嚴。尊嚴對他來說遠比工作更重要。他所做的這些努力不過是為了使自己相信，如果不是因為不幸的命運，自己也是可以有所成就的，他需要使自己相信他並不比其他人差。所以，那個他幻想出來的笑咪咪的男子以及所有其他的錯覺，不過是他用來維護自尊的一種機制。

幻想

幻想是心靈的另一種創造形式，這種形式與我們上文提到的很多現象都有關，比如：將某些記憶提取到意識層面，或者在想像中搭建一個新的結構。幻想和白日夢更能展現一個人的創造性。幻想的產生需要以預見性為前提，並且需要機體能夠

靈活自由地運動。對孩子和成人來說，幻想又叫做「白日夢」，幻想的內容總是與未來有關，像「空中樓閣」一樣，透過虛構的方式將現實生活搭建於其中。在白日夢裡，孩子更多地表達了他們對權力和控制感的渴望，因為大部分幻想的開頭都會以類似於「當我長大了」的句子來引出，很多成人也像孩子一樣，這說明他們並沒有完全長大。

對於權力的渴望說明了每個人的成長都需要一定的目標指引。在我們的文化中，一個人的目標通常需要社會認可。在這樣的前提之下，人無法一直保持一個「中性」的目標，因為社會規定了我們需要為了成功而奮鬥，因此我們在實現目標的過程中會不斷地迎合社會的標準來衡量自己的目標是否走偏。所以，孩子的幻想全然展現了他們對於權力的渴望。

但是我們也不能一概而論，畢竟我們不可能去規定幻想或想像的內容。上文中所提到的一些結論適用於大部分的情況，但是在有些情況下也是不適用的。比如：一些好勝心非常強的孩子，他們可能會幻想自己擁有很多優點，並且會竭盡所能地完善自己，從而在人群中脫穎而出；但是對一些競爭力不強或者生活並不那麼幸運的孩子來說，他們的幻想能力可能會更強，幻想內容會更豐富，因為他們需要透過幻想來完成許多自己做不到的事情。有時想像可以幫助我們逃避現實生活，在幻想裡我們還可以譴責現實的殘酷與不公。尤其對那些渴望權力的人來說，幻想和想像可以幫助他們在平淡的生活之外實現自

己的很多想法。

　　社會意識以及對權力的渴望在幻想的過程中都發揮著重要的作用。在孩子的幻想裡，他們對於權力的渴望往往寄託於一定的社會性目的。比如：有的孩子會將自己想像成救世主或一名騎士，幻想自己可以打敗任何邪惡勢力。有的孩子還會經常幻想自己並不是父母親生的。很多孩子都曾幻想過自己並不屬於現在的家庭，有一天自己的親生父母或者某位重要的親人會來找他並把他帶走。尤其是對那些極度自卑、遭受過很多苦難或者對自己的家庭非常不滿意的孩子來說，他們會更經常地幻想以上的場景。所以有些孩子只是表面看上去長大了，其實他們內心的想法並沒有真正長大。再比如：我們有時會聽到有些孩子有一些近乎病態的幻想，有些男孩幻想自己像男人一樣戴著一頂高高的帽子，抽著雪茄，而有些女孩幻想自己變成了男人，甚至把自己打扮成一個男孩。

　　還有一些孩子被誤認為是沒有想像力的，他們要麼不表達自己，要麼竭力地阻止幻想的出現。他們之所以會這麼做，一部分原因可能是他們在制止想像出現的過程中也可以體驗到一定的權力感；還有可能是在他們想要努力適應現實的過程中，發現喜歡幻想的人看起來不夠成熟，因此他們拒絕幻想。正是這些原因使一部分孩子看起來缺乏想像力。

夢：一般意義上的夢

　　除了上文所提到的白日夢，還有一種更常見並且對我們來說更重要的夢，就是在睡覺時做的「睡夢」。通常，無論是白日夢還是睡夢，它們的發生過程都是類似的，就像以前的心理學家所認為的，夢是一個人個性特點的展現。從有歷史記載以來，夢對於人類思想就有著巨大的影響。當我們有著較高的安全需求時，我們的夢中就會出現與個體生存安全有關的內容。白日夢與睡夢的一個明顯區別在於，白日夢更容易被理解，而睡夢不僅難以理解，而且通常會被認為是多餘的、不重要的。不可否認，夢對於個體具有重要的暗示和啟發作用，對想要獲得權力的人來說，他很可能會夢到自己透過努力克服困難並且取得了一定的成功。

共情與認同

　　人的內心不僅能夠感知已發生的事情，也可以預測未來將要發生的事情，這種能力對需要不斷遷徙的人類來說十分重要，可以幫助我們更好地調整身心並適應環境。人類在這方面所具有的較為突出的能力，對人們的生活有著廣泛而普遍的意義，這種能力又被叫做認同或共情。當我們必須對未來某種特定情境中所發生的事情進行一定的預測和預判時，就需要依據

我們的思想、感覺和知覺來判斷，而認同與共情就是在為這種預測提供基礎，並且可以幫助我們更好地應對未來的新環境，避免很多意外情況的發生。

共情無處不在，只要一個人與另一個人說話，共情就已經發生。如果我們在和其他人交流的過程中，沒有與對方產生共鳴，那麼我們是無法理解對方的。戲劇表演正是共情的一種藝術表現形式。在日常生活中，共情更是無處不在。比如：當一個人看到其他人處於危險中時，他就會產生一種焦慮感，即使他自己並沒有危險，也可能會不由自主地採取一些防衛措施。再比如：當杯子掉落時，我們會立刻想要去接住；當我們打保齡球時，我們會認為自己身體的動作也可以影響球的運動；當我們在看臺上觀看足球比賽時，我們會向著自己支持的球隊做出推進的手勢，向對手球隊做出阻撓的手勢；當有人在洗刷大樓的玻璃時，我們不會不跟對方打招呼就急匆匆地走進去，讓他們暫時停下來；當一名演講者在演講時突然忘記自己要說什麼時，臺下的觀眾也會因此感到很揪心；當在劇院觀看表演時，我們一定會將自己想像成臺上的演員，並且把自己代入每一個不同的角色中。由此可見，認同與共情的能力對每個人來說都十分重要，這是一種天生的社會意識，讓我們感他人所感，讓我們與我們所生活的世界相連，而這正是我們之所以為人的重要特點之一。

與社會意識一樣，每個人的共情能力也有所差別，在童年

時期這一差異尤為明顯，有些孩子更關注自己的穿衣打扮，而另一些孩子則更關注自己的內心想法。當個體過多地將本應該放在人際關係的注意力放到了一些價值和意義都不大的事情上時，他的成長與發展很可能受到阻礙。沒有人是完全沒有社會意識的，即使是那些虐待動物的孩子，他們仍然具有認同其他生物的共情能力，只不過他們的共情能力較低，迫使他們更少地關注人際關係，而把注意力更多地放在了一些價值較低的事情上。比如：有一些缺乏共情能力的人，他們只考慮自己，對其他人的喜怒哀樂毫不在乎，他們無法認同其他人，甚至拒絕與其他人合作。

催眠與暗示

　　一個人如何影響另一個人的行為？個體心理學認為對這一問題的回答恰好展現了我們的心理活動。如果一個人不能對其他人產生影響，那麼社會關係就不復存在。老師與學生、父母與孩子、丈夫與妻子，這些都是在個體的相互影響下形成的社會關係。同時，社會意識也會對我們想要在多大程度上受到環境的影響發揮作用，而這種被影響的意願還取決於影響方對被影響方權力的大小。當一個人感覺自己的權利得到保障時，他會對其他人造成很大的影響，但是這種影響對受影響方來說可能並不持久。尤其在教育中，老師應該意識到學生可以本能地

感受到自己與他人和世界是連繫在一起的。

如果一個人想要將自己從社會的影響中撤離出來，那麼他終將失敗。就算他已經提前為這場「撤離」做好準備，這也必將是一場持久的「戰爭」。在撤離的過程中，他需要一點一點地斷開他與世界的連繫，使任何一種社會影響都難以改變他的行為，此時他將成為社會意識的敵人。最終他會像影視作品中的反派一樣，需要承受著各種想要影響他的勢力的打擊。

對孩子來說，當他們感覺自己受到環境的壓迫時，往往會更容易受到老師和父母的影響。因為當外界壓力很大時，人們會缺少對權威性命令的抵抗，但一味地服從必然不利於社會的發展。服從使個體沒有自己的想法，他們不會主動地行動，而完全接受其他人的控制，這也就是為什麼一些看似聽話的孩子長大後卻並不適應生活的原因。從長期來看，不斷讓孩子服從成人命令的做法是非常危險的，一個從小就很聽話的孩子，長大後更可能聽其他人的話，即使是讓他犯罪，他也可能會選擇服從。

在犯罪集團中也可以看到相似的情況。集團中的「老大」從來不會親自實施行動，被抓住的大都是那些服從指揮的「鷹爪」們。為了實現自己的「雄心壯志」，有些人服從命令的程度令人難以置信，他們甚至以服從命令為驕傲。

回到日常生活中，我們會發現那些容易受到影響的人往往更相信理性和邏輯，但是他們的社會意識並不會扭曲。而一些想要比其他人更優秀並且渴望控制他人的人很難受到外界的影

響。這種例子在日常生活中比比皆是。

　　通常父母抱怨孩子的原因不是孩子過於聽話，而是他們不聽話。對這些不聽話的孩子來說，他們通常認為自己要優於環境，因此不應該被環境影響，所以教育對他們來說往往也是沒有作用的。

　　人們對於權力的渴望程度與個體的受教育程度很多時候成反比，儘管如此，我們的家庭教育還是非常強調對孩子好勝心的培養，希望把孩子培養成有理想、有抱負的人。我們不應該責怪家庭，因為我們的文化對我們每一個人都有著同樣的期待，而家庭不過是受到文化的影響，那就是不斷地提醒我們要做得比任何人都優秀，比任何人都出色。在有關「虛榮」一章中我們將著重講述這種培養好勝心的教育將如何導致孩子難以適應社會生活，如何嚴重阻礙個體心理的發展。

　　當一個人想要無條件地服從環境對他的安排時，任何媒介對他的操縱結果都是一樣的。催眠就是一種可以在短時間內讓一個人聽從另一個人的方法。有些人可能會表示自己願意被催眠，但其實內心並沒有做好準備。還有一些人非常牴觸被催眠，但是又天生容易被催眠。在催眠中，被催眠者說什麼或者想什麼都不是關鍵，唯一能夠決定他的行為的就是他的心理態度。現在大眾之所以對於催眠有諸多誤解，其實就是因為他們對催眠的原理並不清楚。接受催眠的大部分人通常在一開始都會努力避免自己受到催眠的影響，但是實際上他想要聽從催眠

者的命令。而由於每個人在進入催眠的過程中存在較大的個體差異，因此催眠對不同人來說影響也千差萬別。在任何情況下，催眠對於個體的影響並不取決於催眠者的意願，而完全是由被催眠者的心理態度決定的。

在本質上，催眠類似於睡眠，只不過是在其他人的指令下所產生的睡眠，並且催眠中的指令只對那些想要服從它的人才有效。所以真正決定催眠效果的其實是被催眠者。催眠與睡眠也存在很多不同之處。首先，催眠過程中催眠者可以讓被催眠者做出任何動作，而這在睡眠時是無法做到的；其次，睡眠內容在醒過來時能被記住的很少，但是在催眠過程中只要是催眠者想要讓被催眠者記住的，那麼他都可以記住；最後，兩者之間最重要的區別在於，批判能力作為人最重要的心理功能，將會在催眠過程中完全癱瘓，被催眠者將完全成為催眠者的一隻手或一個器官而已。

部分有權力影響其他人的人都會認為，自己的這種權力是由自己本身所決定的，所以他們可以利用自己的權力和各種手段實現自己邪惡的目的，最終犯下罪行，導致錯誤的結果。雖然不能以偏概全，認為所有自帶影響力的人都會欺騙他人，但是人類已經習慣把自己當作弱者去聽從任何有權力的人的領導，習慣了不假任何思索地認同權威。但是這樣的做法永遠不會為社會帶來真正的秩序，只會導致那些被壓迫的人們起身反抗。所以，無論是傳心術還是催眠都無法長期影響他人，只不過是

用來騙取某些被催眠者的錢罷了。

很多情況下，真實與虛假往往交織在一起，被催眠者作為被欺騙的人反過來也可能欺騙催眠者。顯然在這其中真正發揮作用的並不是催眠者，而是被催眠者是否想要服從。相比之下，那些理性自主、不盲目聽從其他人的人自然是不會被催眠的，也不會受到任何所謂傳心術的影響。所以催眠不過是盲目服從的一種表現。

此外，我們還不得不提到另一種可以影響他人的方式 ── 暗示。暗示通常可以分為印象和刺激兩種類型。我們每個人時時刻刻都會感受到來自外界環境的各種刺激，這些刺激會給我們留下一定的印象，當這種印象是一種來自他人的要求或請求時，我們將這種他人想要影響自己的方式稱為暗示。被暗示的人通常會發生觀念上的轉變或強化，但由於每個人對外界刺激的反應各不相同，因此每個人受暗示影響的程度也相差很大，它往往與個體的獨立性有關。有一種人相對更容易受到暗示或催眠的影響，他們通常十分重視其他人的觀點而不相信自己的判斷，因此他們更重視他人，更聽信他人的意見，更容易受到他人的影響。還有一種人則很難受到刺激或暗示的影響，他們不在乎事實的正確與否，只認為自己的觀點是正確的，完全忽視與他人有關的任何事。這兩種類型都存在一定的弊端，尤其是第二種類型的人，他們不聽取任何人的想法，競爭性強，過於追求獨立。

第五章
自卑與認可

童年境遇

　　童年時期的遭遇都會對每個人成年後的生活態度和人際關係造成不同的影響，被生活厚待的孩子和被生活拋棄的孩子有著完全不一樣的人生態度。尤其對有器官缺陷的孩子來說，他們在很小的時候就體驗到生活的不易，並且很有可能導致他們的社會意識受損。這些孩子往往沉浸在自己的世界裡，他們既在乎自己給別人留下的印象，但是又不想和周圍人有過多的交往。對有器官缺陷的人來說，任何來自社會或經濟的壓力都特別沉重，這些壓力甚至會導致他們對世界產生敵意。器官缺陷對於一個人一生的影響在他們很小的時候就可以被確定，在他們兩歲左右的時候就會有所表現，如在遊戲中他們不敢相信自己能夠比其他孩子做得好。長此以往，他們漸漸地被大人們忽視，自己則會越來越焦慮。我們要知道的是，每一個孩子在成長的過程中都會體驗到一種自卑感，如果家庭沒有充分地培養他們的社會意識，那麼他們長大後很可能無法獨立地生存。孩子的軟弱與無助經常會讓我們意識到，每個生命在一開始時都

會有著或多或少的自卑感，並且他們遲早會意識到僅憑自己的能力必將無法應對生存的挑戰。最終，自卑感將會成為驅使孩子努力的動力，決定著他們未來是否擁有平穩、有保障的人生，決定了他們的人生目標以及實現目標的人生之路。

　　孩子之所以可以被教育是因為他們具有某些可以被教育所激發的潛力，但是以下兩種情況可能會使教育發揮不了作用。一種情況是孩子的自卑感被不斷地放大，以至於自卑成為孩子無法解決的問題；另一種情況是由於一些孩子不滿足於僅僅獲得安穩、平靜的生活，他們還想要控制環境，掌控周圍的其他人。這樣的孩子很容易被發現並且被當作「問題」孩子，他們的目標根本無法實現，因此他們總會覺得自己很失敗，感覺自己被周圍人所忽視，甚至被區別對待。在孩子的成長過程中，有很多因素都可能導致孩子心理出現扭曲，走向錯誤的發展道路，每個孩子都有可能在某一時期處於這樣的狀況之中。

　　每個孩子在長大的過程中都會有很多成人的陪伴，而成人的存在會更加突顯他們的弱小，如無法獨立生活。即使一些很簡單的任務，他們也往往不相信自己能夠一點不出錯地完成。教育中的很多問題都恰恰與此有關。在教育中，老師和父母會要求孩子完成很多超出其能力範圍的事情，那時孩子的臉上往往會出現無助的表情，而有些孩子則可以完全意識到自己的渺小與無助。還有一些孩子要麼被父母和老師當作洋娃娃一樣，被視為需要精心呵護的寶貝，要麼被當作無用的物品。父母和

老師的這種態度通常會讓孩子認為自己所能做的不過是讓長輩們高興或不高興。父母給孩子造成的自卑感還有可能因為我們的某些文化特徵而被加深，比如：我們習慣了不把孩子當回事，這可能會讓孩子認為自己是一個沒有權利的人，不被重視，在他人面前他必須安靜、有禮貌等。

很多孩子都是在被嘲笑的恐懼中長大的。嘲笑對於孩子心靈的傷害幾乎就像犯罪帶來的傷害一樣深重。一個人在童年時期遭受嘲笑的經歷很可能會是他成年後很多習慣或行為的原因。那些在童年時期經歷過嘲笑的人與常人有著明顯的不同，他們無法擺脫自己對於再次遭受嘲笑的恐懼。此外，成人不把孩子當回事的另一個表現是經常對孩子撒謊，這不僅會讓孩子懷疑自己周圍的環境，也會讓他質疑生活的真實性。

彌補自卑，渴望認同，實現超越

從人出生的那一刻起，每個人都希望自己成為眾人的焦點，獲得父母的關注，但是在渴望得到他人認同的過程中，我們又難以避免地會受到自卑的影響。而決定一個人人生目標的正是一個人的自卑感和不安全感，因此實現人生目標的過程不過是一次次戰勝周圍的環境、超越自卑的過程。

社會意識的存在可以幫助我們更好地選擇自己的人生目標，並且我們對於其他人的了解也必須將他的個人目標與社會意識

相結合。個體在設立自己的人生目標時通常會考慮兩點，即這個目標要麼可以實現對自我的超越，要麼可以讓自己體驗到生命的價值。在實現目標的過程中，我們的情感將在其中發揮重要的作用，它會影響我們的想像力、創造力和記憶力，決定我們終將記住或遺忘哪些。最終，由於每個人人生目標的不同，每個人對情感和想像力的認知必然有著自己的判斷標準，從而進一步影響個體的行為。

由於我們每個人都無法真正地了解自己的內心，所以我們人為虛構出了人生目標作為指引方向的航標，這就好比子午線，雖然世界上並不存在這樣一條線，但是它對我們了解世界不同地區的時間來說非常重要。所以就人的心理而言，虛構一個目標的意義就在於當我們的人生處於矛盾與糾結中時，目標可以提供一個相對的標準，為我們的選擇提供依據，它也是我們劃分不同感覺與情感的標準。

因此，個體心理學的基本觀點認為，想要理解人類的行為，需要同時考慮遺傳的因素以及個體對於自己的人生目標的追求。但是經驗告訴我們，雖然人生目標是每個人為自己的人生虛構的，但是它其實與事實又十分貼近。所以，對於人的心理發展是否具有目的性的討論不僅僅是一個哲學假設，還具有非常堅實的事實基礎。

隨著人類文明的發展，人類社會希望能夠遏制人們對權力的渴望，但是這對一個人來說又是非常難的，因為從小時候開

始，我們所遇到的困難會不斷激發內心對權力的渴望。隨著我們長大，我們才能逐漸意識到這其中的問題並想出一些能夠改善自己對權力過分渴望的方法。另外，還有一種方法就是在孩子成長的過程中幫助他發展社會意識，從而降低他對權力的渴望程度。

對孩子來說，很多問題的原因在於他們無法公開地表達對於權力的渴望，需要將權力抑制在自己的內心深處。不過適度地抑制的確是必要的，因為如果孩子毫無限制地表達自己想要獲得權力的願望，那麼將會阻礙其心理的成長與發展，誇大對安全和能力的追求，把勇敢變成了魯莽，把服從變成了怯懦，把溫柔變成了反叛。所以，如果一個人毫不掩飾地表達自己對權力的渴望也會造成很多問題，當他每天想的只是如何征服這個世界時，那麼他所有的情感表達和行為都將變得無比虛偽。

如何將孩子對權力的過分渴望轉變成對高尚品德的嚮往？教育不失為一種好方法。教育可以幫助孩子彌補他們的不安全感，獲得生活技能和對生命的理解，同時還可以幫助他們發展出與同伴之間的社會意識，從而幫助孩子在成長的過程中逐漸擺脫自卑感。同時，我們可以透過對孩子人格特徵的變化判斷其心理發展程度。不過孩子真實體驗到的自卑感最終還是受到認知的影響，這使我們很難評定不同孩子的不安全感和自卑感的程度。

對孩子來說，我們無法期望他們在任何時候都能對自己有

著正確的認知，即使對成人而言，這樣的期望也是無法實現的。孩子在成長的過程中會不斷地面臨讓他們感到自卑的情境，有些孩子能夠較好地處理，而有些孩子則因處境非常複雜而難以應對。但是，即使對那些能夠意識到自己處於自卑心理的孩子來說，他們對於自卑的感受也是會不斷變化的。隨著孩子逐漸長大，當能夠更好地了解自己時，他才會進一步意識到自己對於自己意味著什麼，從而在行為上獲得更為統一的表現。到那時，個體的行為規範和自我評估將得到整合統一，自卑感的逐步消除將更好地幫助個體改善和調整自己的人生目標。

針對自卑感的心理補償機制與生理機制類似。當人的某個器官因功能受損破壞了身體的平衡時，這個器官可能會為了繼續維持生存而過度生長，以提供更多的能量。比如：一個人的循環系統出現問題時，他的心臟可能為了給身體提供更多的能量而變得比正常的心臟更大。同樣地，當一個人不斷承受著自卑的壓迫時，當他忍受著弱小和無助的折磨時，他很可能會因過度補償而產生「自卑情結」。

如果一個孩子在克服自卑的過程中遇到很多困難，以至於他感覺自己可能一生都無法擺脫自卑，這不僅不會使他終止對自卑的補償，反而會進一步增加他對補償的需要，產生對優越的過度追求。

當一個人對權力和控制感的需求被過分放大直至達到病態的程度時，他很可能會一味地追求優越，而忽略了與其他人的

關係。比如：他可能會極度地追求安全感，沒有耐心，易衝動，不考慮其他人的想法。對那些因自卑而達到病態程度的孩子來說，他們為了捍衛自己對控制的渴望，很可能會攻擊他人。他們對抗著世界，世界也就不會和他們站在一起。

不過，也不是所有具有自卑情結的人都會表現出病態或異常的行為。有些自卑的孩子可以透過正常的方式，而不是與世界對抗的方式，表達他們對權力和優越的渴望，甚至可以很好地掩飾他們的自卑。但是當我們仔細分析他們在成功後的表現時就會發現，成功是無法真正滿足他們的，因為他們想要獲得的成功本身並不適應社會的要求，並且他們會以犧牲其他人作為代價，最終自卑的人往往會出現反社會的表現。

具有自卑情結的人最明顯的特徵是驕傲虛榮，以及不惜一切代價想要戰勝他人。其中，自卑者可能會透過貶低自己身邊的人來證明自己比他人強，在這一過程中，他們會不斷強調自己與他人之間的差距。自卑者在比較過程中的態度往往會讓其他人感到不舒服，並且不正常的比較會讓他最終陷入生活的陰暗面，看不到生活的精彩與美好。

在自卑的影響下，孩子沉迷於對權力和優越的追求，使他們想要征服自己周圍的環境，而這最終將表現為對日常生活中的任務和責任的牴觸與推卸。自卑對於個體的重要影響可以很快使他意識到自己與正常人之間的差異，甚至可能使他逐漸與周圍人拉開差距。在人類的演化過程中，無論身體是否存在缺

陷，自卑以及其他人格特質的形成肯定與個體遭遇過的各種困難和經歷有關。

　　要想避免曾經經歷的各種困難對我們的心理發展造成不良影響，就必須有對人性的正確理解，擁有正確而強大的社會意識。理解人性的過程意味著我們有責任幫助其他人，我們不應該貶低那些身體殘疾的人，甚至對於一些不太受歡迎的人格特質我們也不應該帶有偏見。不論是身體殘疾還是心理「殘疾」，造成他們出現這些問題的責任並不完全在於他們自己，整個社會以及他們曾經的遭遇都應對他們負責任。當這些人實在無法承受因自卑帶來的壓力時，我們應該允許他們爆發出來。

　　生活中，我們應該以怎樣的態度對待自卑者？他們不應該被我們歧視，也不應該被社會拋棄，他們不過是與我們一樣的人，因此，我們對自卑者的態度應該讓他們感受到自己與周圍人是一樣的，是平等的。如果你想像自己是一個能被明顯看出有身體缺陷的人，也許你會感覺很不舒服。同樣地，要想獲得一些幫助還是需要透過教育的方式。對那些受過高等教育的人來說，他們可以設身處地地考慮自己與自卑者所具有的社會價值的公平性，並且社會意識也會在其中發揮重要作用，甚至可以說文明的發展也往往歸功於這些人。

　　對那些因身體缺陷而感到自卑的人來說，他們在很小的時候就會感受到巨大的生存壓力，對生活的態度也更為悲觀。但是還有一些沒有身體缺陷的孩子，他們可能因為成長中的某些

人為因素體驗到自卑。比如：當孩子受到不符合其成長規律的過於嚴格的教育時，他們所遭遇的挫折和打擊將會伴隨他們一生。來自教育者的冷酷與嚴厲無法讓孩子體會到世界的愛與溫暖，甚至不斷拉大他與周圍人之間的距離。

讓我們透過一個例子對此做更好的解釋。一個來訪者因與妻子關係不和前來諮商，他之所以讓人印象深刻是因為他總是強調自己的責任感很強，自己所做的一切都無比重要。無論大事小事，他都會和妻子計較自己在其中的貢獻，以期望自己能在兩個人的關係中更勝一籌。結果毫無疑問，他們陷入了不斷地爭吵和責罵之中，兩個人越來越疏遠。這其中的問題很可能是由於丈夫的自卑所導致的。

在這名來訪者十七歲的時候，身體仍沒有正常發育，他的聲音像一個小男孩，沒有體毛也沒有鬍子，並且永遠是學校裡所有男生中最矮小的那個。如今他三十六歲了，但是從外表看仍然沒有一點男子氣概。最近八年來，他不斷承受著失敗的打擊，他不再相信自己還能「長大」，孩子般的身體一直折磨著他。

正是早年的經歷塑造了他現在的人格特徵。他以為自己十分重要，並努力地成為眾人的焦點。結婚之後，他更是把自己對自卑的補償施加給妻子，想要向她證明自己比她以為的更屬害、更重要，而他的妻子卻不斷地否定他，希望他能夠清醒地看清自己。在這種情況下，兩個人無法繼續彼此欣賞與讚美，

婚姻必然陷入危機。最終，婚姻的破碎進一步加劇了他本已支離破碎的自尊，所以他選擇前來諮商。心理醫生在了解了他的情況之後告訴他，如果想要被治癒，首先他需要從了解人性開始，他需要意識到問題的本質究竟是什麼。只有充分認識到自卑對於自己的意義，才有可能從根本上解決問題。

生命與宇宙

我們透過上文中的一些例項向大家展示了個體童年經歷與成年後的心理問題之間的關係，但是如果想要更生動地來表達兩者之間的連繫，與數學公式相比，影像的形式可能會更適用。比如：在圖中可以用一條線將兩個等同的點連線起來，也可以用更貼合個體發展變化的曲線來表示個體從童年時期所形成的行為模式。也許讀到這裡，有些讀者會認為我們的觀點忽視了命運對個體的影響，我們似乎並不承認個體才是自己生命的主人，我們否認自由意志和個體的判斷力。在讀者們可能形成的這些印象中，我們確實承認我們並不認為個體是具有自由意志的。也許在一個人的一生中，隨著他的發展，他的行為模式會有些許的變化，但是從本質上來看，童年經歷才是每個人之間差異的決定性因素，即使成年後的環境與童年時相比有了明顯的改變，童年對於每個人的影響也不會輕易改變。所以在我們的觀點中，要想理解人性，就必須從了解他童年時期的經

歷開始，因為童年決定了一個人成長的方向，也決定了他未來在處理問題時的應對方式。童年時期所經歷的困難與壓力可以改變一個人對於生命的態度，決定他最初的世界觀與對宇宙的認知。

　　既然個體童年時期的經歷對個體一生的人生態度都有著至關重要的影響，那麼要想保證個體的正常發展，關注孩子的心理健康和人際關係的發展則尤為重要。在這一過程中，發揮重要作用的因素包括兒童自身的身體機能和抵抗力的發展、兒童的社會關係以及教育者的人格特徵。雖然童年時期個體的很多反應還是出於本能，但是隨著個體的長大，根據特定的目標，他的反應模式將會有所改變並形成特定的反應類型。隨著兒童能力的發展，他們將能很好地控制那些曾經決定他們喜怒哀樂的心理的影響。尤其是當兒童可以意識到「我」的存在時，自我探索的能力將使他們意識到自己是獨立於環境而存在的個體。但是每個人對自己與周圍環境之間關係的知覺必然有所偏向而非保持中立，畢竟每個人都會根據自己的世界觀以及對幸福和成功的理解來調整自己與世界的關係，從而形成不同的人生態度。

　　在這裡要再次說明，我們認為人的心理發展符合目的論的思想，每個人的行為模式都遵循著固定不變的統一原則。但是由於很多人的「表裡不一」，使我們很難根據看似矛盾的行為表現推斷出其內在一致的人格特徵。比如：有些孩子在學校與在

家裡的表現完全相反，有些成人的表現也十分矛盾。反過來，即使兩個人的行為表現一致，他們內心的想法也可能完全相反。所以，行為一致的兩個人的內心想法可能完全不同，而看起來行為不一致的兩個人則可能目的相同。

因此，僅僅透過一件事無法了解人性，無法了解一個人內心的真實想法。要想了解一個人必須要先了解他的人生目標，了解他的行為模式背後的統一原則，以及他所做的每一個行為對他來說意味著什麼。

只有當我們理解了所有人的行為都是基於一個目標時，我們才會發現人生的起點與終點，以及明白在這個過程中所有的困難都早已被設定。之所以會產生這樣的結果，是因為每個人都會根據自己設定的行為模式發展自己的優勢，優勢的發展只會進一步強化每個人所認同的行為模式。這也就是為什麼每個人的人生體驗都十分有限，我們只能選擇不斷接受或改變意識或無意識下的認知，而對於那些不符合人生目標的事情，我們通通置之不理。以上正是個體心理學的觀點，它透過科學的視角闡述了關於人性的道理，下面讓我們透過一個例項來更容易理解這一觀點。

一名年輕女子因對生活的不滿前來諮商，她向心理醫生抱怨自己在生活中承擔了太多的責任。從表面上看，這名女子非常焦慮，眼睛不停地到處看，並且一直抱怨她不堪的生活。從她的家人和朋友那裡我們得知，她在日常生活和工作中都十分

認真，就算工作再多她也能夠很好地解決。她的家人告訴我們：
「她總是對任何事情都感到擔心。」這類人在日常生活中並不少
見，他們總是會擔心也會認真對待每一件事情。

　　如果一個人把每件事情都想像得過於重要，那麼他的人際
關係和婚姻狀況會是怎樣的呢？這只會使他連最簡單的工作都
無法進行，更不要說一些更難的、更有挑戰的任務了。

　　僅僅基於以上對這名女子的了解還不足以發現問題，還需
要進一步透過暗示和誘導的方式讓她更多地表達自己，在這
一過程中，心理醫生不能企圖控制來訪者，因為這反而會激化
她的反抗心理。在不斷地了解之後，她逐漸信任心理醫生，而
心理醫生最終得出的結論與她的唯一的人生目標密切相關。她
的這些問題行為不過是想讓某個人知道她已經無法再承擔更多
的責任或義務了，她想要得到他人的關心與照顧，而這個人很
可能就是她的丈夫。這一問題並不是最近才出現的，而是在過
去的某一時刻就已經埋下種子，只不過生活對她的要求越來越
多，這才最終壓垮了她。這名女子對心理醫生的上述推測和分
析表示認可。她承認在很多年以前她就十分渴望得到丈夫的關
心與愛，她現在表現出來的這些問題行為不過是想表達她對於
想要被關心的渴望，她害怕再次失去他人溫暖的關心與愛。

　　之後這名女子向心理醫生講述了她的一位朋友的故事，這
再次印證了心理醫生的猜想。她的這位朋友與她在很多方面
都完全不同，她有一段非常不幸福的婚姻，並且她一直想要離

婚。有一次，她看到這位朋友手裡拿著帳本，非常疲憊地站在那兒和她的丈夫說話，說她不確定自己是否能準備好當天的晚宴。她的丈夫聽後非常生氣，然後罵了她一頓。這名女子回想起自己當時看到的這一切時說道：「當我看到她的丈夫這樣對待她時，我反而覺得我的方法更好。雖然每天背負著很多的工作和任務，但是我都可以很好地完成，也就沒有人可以指責我。即使我哪天沒有準備好一頓午餐，也不會有人說我，因為我確實很忙。所以想想我的朋友，我到底應不應該改變自己呢？」

由此可以看出這名女子正在透過一種相對溫和的方式來補償自卑，獲取一定的優越感，但是這種方式還是無法真正滿足她對於自己想要被關心和被愛的渴望。不過這種補償機制對她來說已經非常熟悉，並且也有一定的幫助，因此想要讓她改變是很難的。其實她對於被關心的渴望並沒有達到病態的程度，雖然她的內心也會經常出現矛盾，但是如果讓她完全放下責任，無所事事，問題反而會更加嚴重，如她可能會出現頭痛或睡不著的情況。儘管補償機制對於這名女子是有用且重要的，如果她的事情或承擔的責任變少，則可能會出現更多、更嚴重的問題。對這樣的人來說，補償機制是必要的，社會意識也應有所限制。

在婚姻生活中，對於被關心和被愛的渴望有著重要的意義。例如：丈夫可能因為公務、應酬或者開會等事情無法總在家裡待著，那麼這時留妻子一個人在家，是否又是因為丈夫不想關心和

照顧妻子呢？起初我們可能會認為，婚姻不過是為了使丈夫經常待在家裡的手段，但是現實情況是，當丈夫有自己的工作時，想要讓丈夫經常在家是很難的，也因此使很多婚姻出現了問題與矛盾。有時丈夫很晚回到家，小心翼翼地上床睡覺怕打擾到妻子，卻發現她還沒有睡，她的眼神裡充滿了埋怨與責備。

當然，我們無法列舉所有情況，我們更不是為了批判女性，畢竟很多男性的態度也是相似的。但是同樣是表達自己想要被關心的渴望，不同的人也可能採取不同的方法。比如：有時丈夫跟妻子說自己今晚有事要出去，妻子可能會考慮到他以前很少出去應酬，反而會跟他說今晚不要回來太早。要知道，即使她這麼說與之前人們以為的妻子對此事的反應不一致，但是仔細分析之後還是能看出其中存在一定的連繫。也許從表面上看，這樣的妻子是聰明的，對於男性也很有吸引力，她雖然沒要求丈夫早點回家，但是她仍然給丈夫設定了早點回家的限制。如果妻子說了想要讓他早點回家，他卻還是因為某些原因在外面待到很晚，那麼妻子肯定會非常無助和受傷。所以妻子表面上的「通情達理」，不過是為了掩蓋自己內心真實的想法。在這種關係裡，妻子變成了丈夫生活的「導演」，丈夫的行為完全取決於妻子的想法和意願。

我們從這名女子身上可以看出，一個人對於被關心與被愛的渴望在一定程度上與她的控制欲有關。她希望自己在生活中總是處於主導地位，成為周圍人關注的焦點，害怕被他人指責

與看低。這一點在她的生活中處處都得到展現。比如：她會因為自己被充實的工作填滿而感到興奮，因為這可以使她透過勝任新工作來滿足自己的控制欲。還有當她外出散步時，與在家裡不同，路上的汽車與行人都是她無法控制的，她必須躲避往來的汽車，這時她可能會感覺到自己的重要性有所降低。相比之下，這些她無法控制的環境可以使她意識到自己在家中所實施的「專治」，而這也正是她時常感到緊張和焦慮的原因。

不過，以上症狀並不總是以一種病態或令人不悅的方式出現，我們甚至看不出來有些人可能正在遭受痛苦，但是這並不代表這些問題沒有對一些人造成嚴重打擊。如果一個人因為想到自己一出門就無法像在家裡一樣完全按照自己的意志行事，那麼他可能會害怕出門，害怕路上不受自己控制的車輛，以至於他最終無法離開家，他的緊張與焦慮也會被逐漸放大。

在對這名女子的情況做進一步了解之後，我們認為這一例子仍然在向我們證明，個體童年時期的經歷對一個人的影響是多麼重要。從這名女子的立場來看，她的行為是完全沒問題的。如果一個人因為想要獲得他人的溫暖、尊重、關心和愛而採取一些不合常規的方式和態度，表現得就像一些筋疲力盡的人做出無可奈何的行為，也不失為一種較好的解決方法。畢竟我們無法奢望自己可以不受到任何人的指責，同時又總是被生活溫柔以待，總有一些無法避免的事情會擾亂我們內心的平和與穩定。

　　在了解了這名女子的童年時期的經歷後我們發現，在上學期間，當她無法完成自己的家庭作業時，她通常會更強調外在的原因並且希望老師不要過分地指責她。此外，她還說，自己是家中的老大，有一個弟弟和一個妹妹，而她總是和弟弟爭吵不斷。因為弟弟總是想要表現得自己很優秀，雖然她的成績也很好，但是大家往往會更關注弟弟的成績而對她的成績不聞不問。她無法忍受這種不公，也不知道為什麼同樣是取得了優異的成績，自己與弟弟的待遇卻如此不同。

　　從這名女子童年時期的經歷可以看出，她從小就渴望得到公平的待遇，長大以後她也一直致力於克服童年經歷給她帶來的自卑感。在學校時，她對於自卑的補償方式是讓自己成為一名壞學生，這樣父母也可能因為她是一名壞學生而給她更多的關注。雖然這種做法在現在看來非常幼稚，但是對一個孩子來說，她的行為非常理性，並且這完全是她意識之上的自主決定。

　　有趣的是，她的父母完全沒有因為她在學習上的退步而感到困擾，反而她的妹妹的某些問題成了父母關注的重心。為什麼作為一名壞學生她沒有成功地引起父母的注意，而她的妹妹卻可以呢？因為她的「壞」只壞在了學習上，而她的妹妹的「壞」則是壞在了行為和品德上。所以她的妹妹成功地引起了父母的注意，並且迫使父母不得不拿出更多的時間來陪伴他們的孩子。

　　這名女子童年時期的經歷告訴我們，她為了爭取獲得平等的「戰爭」雖然失敗了，但是這並不意味著會帶來永久的和平。

這些經歷最終都會成為其人格形成的影響因素，這也就是她在長大後工作出色、生活匆忙而充實、總是讓自己處於壓力中的原因。也許起初她只是為了得到母親的關注，希望父母能夠給予她和她的弟弟妹妹更多的關心與愛，但是後來當她感覺父母對她沒有對其他人好時，對父母的埋怨漸漸影響了她現在的人生態度。

另外，她還向我們講述了一件她至今記憶深刻的事情。在她三歲時，她拿著一根小木棒想要打她的弟弟，幸虧當時母親正在旁邊照看他們，才避免了意外的發生。雖然只有三歲，但是她還是意識到了自己之所以被忽視或者說不受重視的原因其實就是因為自己是個女孩。她記得非常清楚，在此後的很長一段時間裡，她無數次地表達過自己想成為男孩的願望。弟弟的到來不僅使她離父母的關心與溫暖越來越遠，更糟糕的是，她發現父母對待弟弟的態度的確要比對她好很多。為了補償缺失的關心與愛，她選擇透過不斷工作的方式來逃避。

童年時期的這些經歷對這名女子後來的行為和內心到底產生多大的影響？這名女子告訴我們，她曾經做過一個夢，她夢到自己在家和丈夫聊天，但是她的丈夫看起來不像男人而像女人。這表明她在夢裡終於實現了與丈夫之間性別平等的關係，她的丈夫變成了一個女人，不再是一個像她弟弟一樣的男性主導者。在她的夢裡，她的丈夫就是她的弟弟，她終於實現了從小時候就渴望與弟弟平等的願望。

透過以上這名女子的例子，我們成功地將她童年時期與成年後的經歷相連。在她的一生中，她的生活方式、人生曲線和行為模式統一構成了一幅環環相扣的圖，總結起來就是：她是一個想要用平和方式獲得控制權的女人。

第六章
生活準備

　　個體心理學認為，所有的心理現象都可以被看作個體為特定目標所做的準備。根據前文所描述的一個人的精神生活或內心世界，我們可以看到每個人為了實現自己的願望所做的努力。作為人類的一般性經驗，我們每個人都必須經歷這個過程，並且在很多關於未來理想生活的神話或傳說中也有所展現。在宗教裡，人們也相信對於生活的準備、為人生所設定的目標最終都將有利於我們克服一切困難。此外，那些關於靈魂永生或轉世的傳說也向我們展示了人們相信靈魂可以以另一種形式存在，而童話故事則使我們相信每個人的未來都終將美好。

遊戲

　　在孩子的世界裡，遊戲是非常重要的，而遊戲也可以清晰地展現孩子對未來生活的準備過程。因此，父母或教育者絕不應小看遊戲對於孩子的意義，應該將遊戲視為教育的輔助手段，用遊戲來激發孩子的幻想能力，培養孩子的生活技巧。遊戲之所以被看作一個孩子對未來生活的準備，是因為一個孩子

選擇玩什麼遊戲以及他對遊戲的重視程度，都可以表明他對環境和同伴關係的態度。透過觀察孩子在遊戲過程中的表現，我們可以由此推斷出他對生活的整體態度，他的行為是否友善，他是否想要成為統治者。教育學專家格羅斯透過研究動物在遊戲中的表現，首次提出遊戲對於孩子至關重要的觀點，而這一發現也有助於我們認識到遊戲對於孩子未來生活的重要性。

但是遊戲對孩子的意義不僅限於為孩子未來的生活提供準備這一點。集體活動對孩子來說也是一種遊戲，並且還能夠幫助孩子發展社會意識。不過仍有一些對生活適應不良的孩子，他們往往會選擇不參與遊戲。當他們與其他孩子一起坐在操場上時，他們要麼退出遊戲，要麼會破壞其他孩子遊戲時的樂趣。之所以會這樣，是因為他們的自尊心過高或過低，導致他們對於自己在遊戲中的角色感到擔憂。透過觀察孩子在遊戲過程中的表現，可以幫助我們更準確地了解每個孩子社會意識的發展水準。

遊戲的另一個意義是可以透過讓孩子在遊戲中成為指揮者或領導者的方式來滿足孩子的優越感。一個孩子玩遊戲的目的是否是為了滿足自己的優越感，可以透過他在遊戲中是否積極獲取勝利，或者是否對那些有權力感的遊戲特別熱衷的方式看出。整體而言，遊戲必然包含了以下幾個作用中的一種或幾種：為未來生活做準備，發展社會意識，獲得控制權。

此外，遊戲還有另外一個作用 —— 讓孩子盡可能地表現自

己。孩子在遊戲裡或多或少地都會有表演的成分，其他孩子與他的「對手戲」會進一步激發他的表演欲望。而這正是遊戲對孩子創造性的激發。這類遊戲可以很好地為孩子未來的職業發展做準備。比如：許多孩子小時候給洋娃娃做衣服，長大以後也因為這樣的遊戲經歷懂得如何給成人做衣服。所以說，遊戲對孩子創造性的激發是非常重要的。

遊戲與人性密切相關，甚至可以作為一種職業，對生活有著重要意義。因此，遊戲對於孩子絕不是無關緊要的，遊戲的目的也絕不僅僅是消磨時間而已。既然每個人成年後都會有自己孩童時期的影子，那麼童年中的遊戲作為一個人對自己未來生活的重要準備，必然將幫助我們更好地了解人性。

注意與分心

人類機體很多功能得以實現的前提在於，我們能否注意到某件正在身體內部或外部發生的事情，並且產生一種緊張感，但是這種緊張感只存在於某一種感覺器官中，如眼睛，而不會蔓延到全身。當眼睛注意到某件事情將要發生時，就會注視那個方向，並讓人產生一定的緊張感。

無論是身體的哪一部位或者即使我們在運動的過程中，只要我們注意到某個事物並因此產生了緊張感，那麼其他部位的緊張感就會被弱化。換句話說，只要我們想專心致志地關注某

事，其他干擾就會被自動排除。因此，那些能夠引起注意的事物反映的就是每個人內心真正關心的東西，它會根據我們的需要或者受到某一特定目標的指引，透過引起我們的注意，表達我們想要實現的願望。

除了那些因為疾病或智力原因而無法集中注意力的人，我們每個人都擁有注意的能力。但是在正常人中還是存在一些有注意力缺陷的人，原因可能有以下幾點。首先，有些人可能因為疲勞影響注意力。其次，還有很多人之所以注意力不集中是因為他們認為某些事情不符合他們自己的行為模式，因此在主觀上不想要注意；反過來說，如果某些事情非常符合這些人的行為模式，那麼他們就可能突然對此給予更多的關注。最後，還有一些人可能因為逆反的原因導致注意力不集中，尤其在孩子中，這種可能性更為普遍。很多孩子因為逆反導致對外界的一切刺激都採取拒絕的態度。但是對父母和老師來說，對待這些逆反的孩子更應該採取開放的態度，並且教育孩子的方法要盡量與孩子的行為模式和生活方式相一致。

在感知外界變化的過程中，不同的人有不同的特點。有些人可以同時依靠視覺和聽覺一起感知外界環境的變化，而有些人則只能完全依靠眼睛或完全依靠耳朵來感知變化。所以對於那些只依靠眼睛來感知刺激的人來說，如果他們沒有看到任何東西，就無法產生注意力，最終導致對任何視覺刺激都視而不見。所以注意力不集中的另一個原因還可能是因為外界能夠刺

激到的器官並不是他最敏感的。

　　那些能夠引起我們注意的事物的最重要的特點就是與我們的興趣吻合，而興趣比注意擁有更深層次的心理基礎。只要我們對某件事情感興趣，我們就會願意付出自己的精力給予它更多的關注；而在教育中，興趣則是最好的老師，可以更好地幫助學生獲得某個領域的知識。但是這並不意味著那些能夠引起我們注意的事物必將有利於個體的成長，有些人可能一開始注意的方向就是錯誤的，長此以往，最終會影響他們為未來生活所做的準備。還有一種情況，無論一個人是否對此感興趣，無論它是否能給自己帶來好處或者這件事情是否會威脅到自己，人都會無條件地關注那些涉及自己身體內部的以及會影響到自身能力的事情。所以一旦個體的內在利益受到威脅，個體的注意力將完全轉向內在而忽略外部世界。對一個孩子來說，認同感和意義感最為重要，如果他們的認同感和意義感受到質疑，那麼他們會毫不猶豫地對此投入精力。另一方面，當他們的危機感消失又感覺到這並沒有什麼時，他們的注意力也會很快消散。

　　注意力缺陷的本質原因其實是個體想要從那些他應該給予關注的事物中逃離出來，所以並不是因為這些人無法集中注意力，而是因為他們總是將注意力集中在其他的事情上。注意力不集中的現象與意志力薄弱或者精力缺乏類似，對於那些固執己見或冥頑不靈的人來說，他們也很有可能將意志力和精力用

在了不該用的地方上。那麼，如何解決注意力不集中的問題？要想完全解決是比較困難的，因為需要完全改變這個人的生活方式。

注意力不集中可以被看作一種固有的人格特徵，這在人群中並不罕見。我們經常會看到這樣一類人，他們在完成布置給他們的任務時的效率很低，常常只完成一部分或者完全不做，最後的結果是只會給其他人增加負擔。所以，持續性的注意力不集中是一種固有的人格特徵，只要這類人被安排某些需要他們完成的任務時，這種人格特徵就會顯現。

過失與遺忘

當一個人因缺少必要的預防措施而導致自己的安全和健康受到威脅時，就會出現嚴重過失，在相當程度上這也是注意力不集中所導致的。與普通的注意力缺陷不同，過失的產生往往是因為沒有充分關注其他人的利益。此外，我們可以根據一個孩子在遊戲過程中的過失表現來判斷他是一個只考慮自己還是一個也會考慮其他人的孩子。過失的產生還可以幫助我們了解一個群體的集體意識和一個人的社會意識。如果一個人的社會意識欠缺，那麼他就會較少地考慮其他人的利益；相反，社會意識或集體意識較強的人則會充分考慮其他人的利益。

因此，很多過失的發生往往是因為社會意識的欠缺，但絕

不能說這是過失產生的唯一原因，我們應充分去了解為什麼出現過失的人不在乎其他人的利益。

注意力缺陷除了會被動地給我們帶來一些危害，有時我們也會主動地透過遺忘來限制注意資源，不過遺忘有時也可能是因為缺少對某件事情的興趣而造成的。比如：有些孩子可能會忘記把課本放在哪兒了，這往往說明他們還沒有適應學校的生活；有些家庭主婦總是弄丟或找不到鑰匙，也可以說明她們並不適合做家庭主婦。健忘的人往往不喜歡公開表達自己對某件事情的不滿，但是他們卻可以透過遺忘的方式表明自己對某件事情並不感興趣。

無意識

我們往往很難說清楚自己很多心理現象背後的意義，就像那些注意力非常集中的人不可能告訴你他是如何做到的一樣。所以很多心理功能無法在意識領域被發現，即使我們可以在一定程度上迫使自己將注意力集中在某件事情上，但這並不是由意識決定的，而更多依據的是我們無意識中對利益的重視程度。無意識可以幫助我們更好地了解一個人的行為模式，這對於理解人性來說至關重要。我們不得不承認的一點是，只是透過意識層面來了解人性幾乎是不可能的。一個虛榮的女人很多時候並不知道自己是虛榮的，甚至她會表現得很謙卑。當然，

我們不必告訴一個虛榮的人他是虛榮的，就像對一個虛榮的女人而言，如果她知道了自己是虛榮的，那麼她可能之後就無法繼續表現自己的虛榮，所以她寧願選擇不知道，即使你告訴她也是沒用的。為了確保自己的安全感不受損，那些被認為是虛榮的人往往會將自己的注意力轉向外部世界或一些無關緊要的事情上。想要讓一個虛榮的人承認自己的虛榮非常難，在被揭露的那一刻，他會想盡辦法逃避問題，但是這樣往往可以讓我們更加堅信自己的判斷。

根據每個人的意識範圍可以將人分為兩種，一種人比常人更加了解自己的無意識世界，而另一種人則了解得更少。在很多情況下，第二種人往往比第一種人所能注意到的範圍更小，而第一種人則有著更廣闊的視野，對世間的人、事、物更感興趣。那些不了解自己也不了解生活的人往往被生活所困，人生的很多歡喜與難過都會被他們視而不見，他們不了解生活的規則，也看不到精彩生活的全貌。在一個團隊中，他們常常是那個「豬隊友」，因為他們對生活缺乏興趣，也就意識不到問題的真正原因。在個人生活中，這類人通常會高估自己的生活能力，對自己的缺點認識不足，誤以為自己是個完美無缺的好人，以自己的利益為中心；相反，如果他被其他人承認確實是一個好人，那麼他更加會以利己主義者自居。總而言之，你如何看待自己或者其他人認為你是怎樣的人都不重要，重要的是你對待社會的態度，這才會最終決定每個人的志向、興趣與行為。

那麼，我們應該如何與這兩種不同類型的人相處呢？首先，第一種人更了解自己的意識世界，能夠更客觀、更理性地解決問題。相反，第二種人在處理問題時往往會採取更片面的態度，只能看到問題出現的一部分原因，並且他們的行為和話語很容易受到無意識的影響。兩個人在一起生活並不是一件容易的事，很多時候其中一方總是呈現出一種反抗的姿態，甚至有些情況下兩個人都在不停地反對彼此。每個人都想要證明自己是對的，卻不願意了解對方的想法，每個人都說自己希望問題能得到和平解決，希望兩個人的關係和睦，但是事實卻並非如此。

在現實生活中，有些人雖然不會表現出自己的攻擊性，但是往往他簡單的一句話就可以造成攻擊他人的效果，所以只能說這樣的人骨子裡早就具備了好鬥的氣質。

人類的很多本能是人類自己都無法意識到的，如對於權力的爭奪。這些本能存在於無意識中，影響著人類的生活甚至可能造成不良的影響。在杜斯妥也夫斯基的小說《白痴》中有一段與此相關的敘述，被心理學家稱為經典：在一場社交聚會中，一位夫人用一種諷刺的語氣告誡一位公爵要特別小心，因為在他的旁邊放置的是一個來自中國的非常昂貴的花瓶。公爵承諾他會特別小心，但是幾分鐘後這個花瓶卻被打翻在地。在場的所有人看到這一場景時都不覺得驚訝，甚至認為這是必然發生的，因為這一舉動非常符合這位公爵的人設，當他感覺到自己

被這位夫人羞辱時，有這樣的舉動一點也不奇怪。

　　所以說，我們在了解一個人時不應僅僅根據他有意識的行為和表現來判斷，反而是那些他自己都意識不到的行為和想法可以為我們了解一個人的人性提供更多、更好的線索。

　　日常生活中很多人都有咬指甲或摳鼻子的壞習慣，這些習慣除了說明這個人不講衛生，還可以表明他是一個固執的人，但是很多人並沒有意識到這種壞習慣為什麼會和固執存在連繫。如果一個孩子總是出現這樣的壞習慣，肯定會被父母反覆地批評與責罵，但是如果他還不因此改掉這一壞習慣，那麼他必定是一個固執的人。也許我們在判斷一個人的時候只相信眼見為實，但實際上有很多我們看不到的細節才最終反映了一個人真實的人性。

　　下面將透過兩個例子向大家展示無意識對於塑造一個人心理功能的重要性。為了確保個體的行為模式完整統一，人的心理可以選擇哪些存在於有意識中，哪些又必須保留在無意識中。

　　第一個例子是關於一名年輕的男性。他是家中的長子，有一個妹妹，他們的母親在他十歲時就去世了，從此以後他聰明、善良且品德高尚的父親不得不扮演起教育他們的角色。父親非常重視對兒子志向的培養，鼓勵他將任何事情都要做好。男孩在父親的教育下成為班裡的佼佼者，無論是品德還是成績都排在前列，這讓父親非常高興。

　　但是隨著男孩的長大，出現了很多讓父親感到傷心的行

為，為了改變父親對自己的印象，他付出了很多努力。男孩的妹妹逐漸長大，雖然她看起來柔柔弱弱，但是仍然憑藉自己在父親面前優異的表現成為男孩最大的競爭對手。妹妹的家庭地位越來越高，並且對一個男孩來說，在家庭生活中表現得引人注目本來就比較困難，因此在與妹妹的競爭中，男孩所處的位置越來越不利。男孩到了青春期時，父親開始發現男孩在社交中存在問題，事實上他根本沒有什麼社交。他對結識新朋友毫無興趣甚至充滿敵意，尤其是在與女生的關係中，他總是採取逃避的態度。剛開始父親並沒有覺得男孩的行為有何異常，但是漸漸地男孩開始不出家門，甚至連散步也只會在傍晚時出去一會兒。最終，他甚至連自己以前的一些好朋友都不再打招呼。但是無論在學校還是對待父親，他的態度都是很好的。

當發現男孩的問題越來越嚴重，不再去任何地方時，父親把他帶到了心理醫生面前，很快醫生就發現了問題所在。男孩說他覺得自己的耳朵很小，所以每個人在看到他的時候都會覺得他很醜。醫生不贊同他的想法，認為男孩不過是用這個理由來迴避與人的交往，當醫生說他的耳朵和其他人並無差異時，男孩只好補充說自己的牙齒和頭髮也很醜，但醫生認為事實並非如此。

從另一個角度，我們可以看出這個男孩其實是非常有志向的，他想要實現父親對自己的期待，在工作和生活中獲得更高的成就，尤其是當他確定自己想要成為一名科學家時，夢想的

力量對他的影響越來越大。但是問題在於他將實現成就與迴避交往等同起來，然後用一些看起來幼稚的理由作為自己迴避交往的藉口。如果是這樣，他的生活中必然充滿緊張與焦慮，因為在我們的文化中，醜陋的人必定在生活中困難重重。

男孩以前一直是班裡的第一名，他也希望自己能夠一直當第一。為了實現這個目標，他專心學習，努力且勤奮。但是他卻覺得這還遠遠不夠，他需要將生活中一切不必要的存在全部排除，若如他所想他應該這樣說：「從我想要成為一名科學家起，我就決定獻身於科學，為此我必須杜絕任何非必需的社會關係。」

但是他沒有這樣說也沒有這樣想過，相反地，他用了一種「幼稚」的手段——聲稱自己是一個醜陋的人，以此來做自己真實目的的擋箭牌。他說自己丑，為自己編造了一堆理由，不過是為了那「見不得人」的目的。如果他承認自己做苦行僧不過是為了實現自己當第一的目標，那麼所有人都將知道他的野心。所以，他為科學獻身的想法也許是無意識的，但是他是有意識地讓自己不知道自己的目的。

為了使這一真正的目的不進入自己的意識中，男孩試圖用一切無關緊要的事情來掩蓋。如果一切都變成有意識的，他承認自己當科學家的理想，那麼他將無法像說出自己很醜一樣來表達自己想要實現目標的願望，並且所有人都將知道他為了當第一，寧願犧牲與其他人的關係，他將成為其他人眼裡最荒唐

可笑的人。這樣的結果對一個人來說是難以接受的，男孩也害怕會這樣。所以，因為他人也因為自己，他無法敞開自己的內心，只有將其保留在無意識中自己才能不受到傷害。

如果我們現在直接告訴這個男孩問題的根本原因，並且說他就是因為害怕自己的行為模式受到影響而不敢看向自己的內心，那麼我們必然會打破他的心理機制的完整性。那些他費盡心機想要阻止的事情也會因此表露無遺，他無意識中那些不想公之於眾的想法也會被公開。其實那些意識之下的想法，那些我們連想都不敢想的問題，如果有一天全部到了意識之上，我們的行為必將紊亂，這是存在於每個人身上的問題。每個人的人生都是在不斷地接受著那些符合我們內心的想法，拒絕那些阻止我們前進的想法。人類只敢用對自身有價值的道理來理解世界，並讓這些有益於自身成長的事情成為有意識的，將那些無益於自身成長的事情存於無意識中。

第二個例子是關於一個非常聰明的男孩。他的父親是一名老師，不斷鞭策自己的兒子爭做班裡的第一名。剛開始，男孩的表現非常好，在班裡總是名列前茅，並且在同學中也有著良好的聲譽和很多的朋友。

但是，在他十八歲的時候事情發生了重大的轉變。他開始變得悶悶不樂，憂鬱焦慮，甚至想逃離這個世界。雖然他不停地結交新朋友，但是每個人都能看出他存在一些行為問題。而他的父親只想讓他趕緊結束當下的狀態，然後專心地學習。

在治療的過程中，男孩不斷地跟心理醫生抱怨是他的父親剝奪了自己人生的快樂，他現在已經沒有信心也沒有勇氣繼續他往後的人生，每當獨自一人時他都會感受到無盡的悲傷，他的學習被耽誤了，他的大學生活一塌糊塗。有一次，在社交聚會上，他因為不懂現代文學而被朋友們嘲笑，而類似的情況屢次發生，他因此變得越來越孤立，逐漸脫離了社會。他將自己的不幸歸因於父親，於是他和父親的關係變得越來越糟糕。

以上兩個例子在很多方面都很相似。第一個例子中的男孩因為妹妹的緣故備受挫折，第二個例子中的男孩則認為是父親的錯誤導致自己的不幸。共同點在於這兩個男孩都被我們所謂的「英雄理想」控制著，以至於他們漸漸脫離了現實生活，變得沮喪與難過，他們除了逃避別無選擇。即使如此，你也不可能聽到第二個例子中的男孩對自己說：「既然無法像一個英雄一樣地存在，我還不如逃離生活，不要讓往後的日子更痛苦。」

不管怎樣，這名父親對兒子的教育的確是錯誤的，但是他除了看到父親對自己的錯誤教育，其他什麼也沒有看到，他不停地抱怨，只不過為了證明自己從社會中逃離的做法是正當的，並且他堅信這是解決問題的唯一方法。透過這種方式，他可以避免自己受到更多的傷害，並能維持自尊，同時還可以將自己的不幸完全歸咎於父母。他始終堅信是父親的錯誤教育葬送了自己的過去與未來，使他再也沒有任何成就可言。

在這個男孩的無意識中可能存在這樣的想法：「雖然我取

得過優異的成績，但是我想一直保持第一的位置必定很困難，倒不如現在就選擇從生活中逃避出來。」這樣的想法非常不可思議，沒有人會這麼說自己，但是行為舉止往往會暴露一切。透過將所有的責任歸咎於父親的錯誤教育，男孩可以順理成章地逃避、迴避那些生活中必須由他來做的決定。但是如果他的這些想法都是有意識的，那麼所有他想要掩蓋的行為都將受到影響，因此，他必須將其保留在無意識中。對一個有著輝煌過去的人來說，誰會認為他是一個沒有天賦的人呢？即使未來他沒有取得更多的成就，也不會有人怪他。面對父親的錯誤教育，兒子既是法官，又是原告和被告，無論他想要怎樣處置，決定權都在自己的手中，他又怎麼會放棄自己的有利位置呢？

夢

　　一直以來有這樣一種觀點，夢可以展現一個人整體性的人格特徵。與歌德同時代的一名思想家利希滕貝格曾說過，當我們想要了解一個人時，應該從他的夢中而不是言行中尋找答案。但是我們認為這樣的說法過於絕對，儘管無法根據一種現象就給某人下定論，透過夢來推測一個人的人格特徵的前提是，必須有其他的證據來佐證。

　　利用夢來了解一個人的做法在有史記載以前就已經存在，透過對各個時代文化發展史以及各種神話和傳說故事的研究，

我們可以發現過去的人比現在的人更注重利用夢來解釋人性，而且對夢的理解也要比現在的人理解得更好。比如：古希臘時期，夢在人們的生活中非常重要；西塞羅專門寫了一本關於夢的書；《聖經》中也多次出現關於夢的故事。《聖經》中的夢有一些可以被很好地解釋，另外一些又會被不同的人賦予不同的理解，如約瑟夫夢見禾捆，然後告訴了他的兄弟們。此外，從尼伯龍根的神話中也可以看出，即使在完全不同的文化中，夢的解釋作用同等重要。

但是需要注意的是，如果我們想單純地透過夢來了解一個人或者透過夢來找尋一些超自然的現象，幾乎是很難的。只有在其他證據充足的情況下，我們才能更加堅信自己從對夢的解釋中得到的判斷。

無論是過去還是現在，很多人都相信夢可以預示未來，甚至很多理想主義者非常聽從夢的指示。比如：一位來訪者因為自己的一個夢放棄了正當職業而開始賭博，並且他完全透過夢的內容來下賭注，因為根據以往的經驗，一旦他沒有聽從夢的指引，他就會很倒楣。接下來的一段時間，夢的確幫助他贏了很多錢。但是又過了一段時間，他開始跟其他人說夢都是假的，看來他已經輸光了所有錢。其實不管夢有沒有預示作用，這樣的現象在賭場中都十分常見，根本不會有奇蹟出現。如果一個人對某件事非常感興趣，他可能到了晚上也會沉迷其中，這些人中有一些是透過不睡覺來解決問題，還有一些則是睡著

了繼續在夢中解決問題。

夢中的很多想法往往連線著我們的昨天與明天，而一個人對生活的態度則可以將現在與未來相連。所以在一定程度上，夢可以展現一個人的生活態度，換句話說，一個人的生活態度就是他所做的所有夢的基礎。

一位年輕女性說自己曾做過這樣一個夢：她夢到自己的丈夫忘記了他們的結婚紀念日，她因此責備了他。這個夢可能預示著以下幾個問題。首先，他們的婚姻可能出現了問題，妻子感覺到了丈夫的忽視。其次，其實她自己也忘記了結婚紀念日，還是丈夫提醒了她。最後，她承認其實根本就沒有發生過夢中的事情，她的丈夫總是會記得結婚紀念日。所以，我們可以看出，她會在夢中責備和抱怨丈夫是因為她對未來感到焦慮，擔心會有這樣的事情發生。

為了更好地解釋這名女性的夢，我們詢問了她童年時期的經歷，她講述了一件總是出現在腦海中的事情。在她三歲的時候，姨母送給她一把帶有圖案的小木勺，她非常喜歡。但有一次她在玩小木勺時不小心把它掉進河裡沖走了，她為此傷心了好幾天，周圍每個人都很關心她。

因此，她的夢可能預示著她現在很擔心自己的婚姻也會像小木勺一樣離自己遠去，比如丈夫忘記了結婚紀念日。

還有一次她夢到丈夫把自己帶到了一座高樓上，越往上走樓梯越陡，也不知道是因為爬得太高還是太焦慮，她出現了眩

量的感覺。可能很多人在清醒時都有過類似的感覺，尤其在爬到高處時，向下看的恐懼要大於樓本身的高度所帶來的恐懼。讓我們把第二個夢與第一個夢連繫起來，很容易看出這名女性的焦慮，她總是擔心不好的事情發生。比如：丈夫對她的愛越來越少怎麼辦？丈夫總與自己發生爭執怎麼辦？自己的婚姻破碎了怎麼辦？這些在家庭生活中常見的衝突，在這名女性看來是糟糕到足以讓她昏厥的事情。

現在我們對於夢的真正含義有了更深的理解，只要夢的內容可以清楚地表達出它想要表達的含義，那麼採用什麼方式或是什麼類型的夢都不重要。夢其實是對一個人生活問題的明確暗示，這名女性的夢就好像在說：「不要爬得太高以免摔得太慘。」而歌德的《婚姻之歌》中也記錄了一個夢。一名騎士回到空無一人的家中，他感覺很疲憊，所以躺在床上睡著了，然後他夢到從自己的床下出來了幾個小矮人，這些小矮人在他的面前舉行了一場婚禮。他從夢中醒來後心情愉悅，連他的夢都知道自己想找一個女人來陪伴自己，而夢中所發生的一切就好像他在現實中慶祝自己的婚禮一樣。

如果再進一步解讀騎士的夢，我們還可以發現歌德也把自己的婚姻隱藏在了其中；他將自己的生活態度完全用夢中的騎士來展現，他透過夢來幫助自己在未來更好地解決自己的婚姻問題。

接下來，我們將講述一個二十八歲男性的夢。他的夢就像

發燒時的體溫變化一樣起起伏伏，充分展現了他心理的變化軌跡，在變化過程中的自卑感及他對於權力和地位的渴望。他是這樣講述的：「我夢到自己正和一群人一起出去玩。我們乘坐著一艘船，但是這艘船又不夠大，所以一到晚上我們就必須停靠在附近的小鎮上過夜。有一天晚上，我們突然接到船正在下沉的通知，並讓所有人都去幫忙。但是這時我突然想起來，我有很多貴重物品都在船上的行李箱裡，所以我沒有幫忙而是跑到船上去拿我的東西。最終我從窗戶裡拿到了我的揹包，並且發現揹包旁邊有一把我非常喜歡的小折刀，我也把它放進了揹包裡。這時船已經沉得越來越深，我拿上揹包趕緊從船上跳了下去。我跳進了海裡但是卻落在了地面上，我想要回到碼頭但是碼頭卻非常高，我只能往更遠的地方走，但是前面突然出現了一個懸崖，我必須過去，所以我就慢慢滑了下去。離開船以後我就再也沒見過我的同伴，因為很害怕，所以我走得越來越快。最終我走到了路的盡頭，此時，一個人出現在了我面前，並且正在工作，我並不認識他，不過他的出現讓我感覺好多了。他問我：『你在這裡幹嘛？』語氣中帶有責備，好像他知道我是拋下了在船上的其他人自己跑出來似的。我看著周圍全都是懸崖峭壁，想離開卻只能透過幾根垂下來的繩子，然而這些繩子太細，我根本不敢往上爬。我嘗試了幾次之後還是不斷地往下滑，根本爬不上去。但是最終我不知怎麼地就到了懸崖上面，這個過程似乎是我有意地沒有夢到。在懸崖邊上有一條帶

柵欄的路，很多人在上面走，並向我友好地打招呼。」

當我們繼續了解這個男性的生活，發現他五歲前一直遭受著疾病的折磨，五歲之後也是經常生病。這就導致了父母在照看他時非常小心謹慎，並且經常焦慮不安，所以他和其他孩子接觸的機會就特別少。當他想要和成人接觸時，父母又會說成人負責照看孩子，孩子與成人是無法溝通、交往的。所以，從很小的時候起他就只能和父母在一起，嚴重缺乏必要的社會生活經驗，在這方面的發展遠遠落後於同齡人。甚至同伴們也嘲笑他，認為他是愚蠢的，這都是合乎常理的，並且這只會使他越來越難以結交朋友。

這樣的情況逐漸加強了他的自卑感。他的父母全權負責對他的教育，父親是一名對他有著過高期望又十分暴躁的軍人，母親軟弱、不明事理又專橫跋扈。雖然父母總是強調自己所做的一切都是為他好，但是過於嚴厲的教育讓他非常沮喪。他對童年時期發生的一件事情印象深刻。在他三歲時，因為沒有聽母親的話，不幫她去跑腿，他被罰跪了半個小時。雖然他很少被打，但是一旦被打就會遭受幾股鞭子的毒打，無論他怎麼請求原諒都沒有用，父母也不會告訴他被打的原因。按父親的話說，「孩子怎麼會不知道自己被打的原因」。所以每次當他被打時，他如果說不出自己為何被打，那麼只會遭受更嚴重的鞭打，直到他承認錯誤為止。

從他很小的時候開始，他對待父母就是仇視的。在父母的

影響下，他感到無比自卑，甚至他連什麼是優越感都無法想像。無論是學校生活還是家庭生活，他總是面臨著大大小小的失敗，任何成功都與他無緣。直到十八歲，他還是經常被同學嘲笑。甚至有一次他還因為在課堂上講述了一個不恰當的例子而被老師嘲笑。

正是這些經歷使他越來越孤立，漸漸地，他開始逃離這個世界。在與父母的戰鬥中，他找到了一些有效卻需要付出巨大代價的方法 —— 拒絕說話。透過這種方式他阻斷了自己與外界的連繫，不和任何人說話使他變得越來越孤獨。寧願被誤解，他也不願和其他人說話，尤其是和父母，而其他人也更加不願意搭理他。當他想要再次融入社會時卻屢屢失敗，他的每一段戀愛關係也無疑都以失敗告終。直到現在，他已經二十八歲了，過往經歷給他帶來的深深的自卑感，讓他過度地渴望獲得優越感的滿足，這最終對他的社交產生了非常不良的影響。他說得越少，內心對於成功和優越感的渴望就越多。

所以，這位二十八歲的男性做了那樣一個夢，用夢來清楚地表達自己的內心。最後，讓我們來回憶一段西塞羅所描述的夢，這個夢被認為是文學界最著名的夢。

詩人西蒙尼德斯曾經幫助過一位不明身分的老人，老人死在了街道上，是西蒙尼德斯把他埋葬了。有一次，當西蒙尼德斯想要出海時，突然夢到了這位死去的老人，老人告誡他，如果他選擇現在出海很可能會遭遇海難。最終，西蒙尼德斯聽從

了老人的話沒有出海。而那天出海的人無一倖免，全部死去。

幾百年來，這一段關於夢的描述對人類影響深遠。

如何解釋這一奇特的現象？是因為出海的船本就經常出事，還是因為有人在出海的前一晚夢見了海難？為什麼後人會對這個夢印象深刻？不過是因為現實恰巧驗證了這個夢的內容。尤其是對那些相信神祕力量的人來說，他們更可能相信這樣的故事。但是當我們冷靜下來去分析這個夢時，我們可以得出：這位詩人本就非常在乎自己的身體健康，所以他根本不想要出海。當出海的日子越來越近時，他必須為自己的猶豫找到一個正當的理由。最終他夢到一個有預言能力的老人，老人為了感謝他幫了自己而向他預言了海難的發生，因此他有了充分的理由不出海。當然，如果最後沒有出現海難，這個夢也許就不會流傳下來。畢竟我們的夢究竟是什麼樣子並不重要，重要的是夢所能展現出的意義與智慧。無論是夢還是現實，包含的不過是每個人對生活的態度，所以夢有預示功能也就不奇怪了。

但是並不是所有的夢都可以被很好地解釋，或者說是只有極少數的夢可以被理解。尤其當很多人根本不知道如何解釋夢時，那些看起來無意義的夢就會被很快遺忘。事實上，很多夢對人們的行為都有象徵意義，那些看起來意義比較明確的夢可以幫助我們更好地了解自己，同時可以為我們提供一些解決問題的思路。通常，夢可以透過某種情境激發人們產生某種情緒反應，但是做夢的人卻往往很難理解這其中的連繫。不過即使

我們有時無法解釋自己的夢也沒關係，因為夢的存在本身對於做夢者來說就是有意義的，它可以使做夢者更了解自己的思想以及自己的行為模式。夢就像一團煙，它讓我們知道下面有火在燃燒。擅長燒火的人可以根據煙的樣子判斷出是哪種木材在燃燒，就像精神分析師可以根據一個人的夢來了解這個人一樣。

　　綜上所述，夢不僅可以幫助人們了解自己生活中存在的問題，還可以在一定程度上幫助我們解決問題。尤其是當夢中涉及社會意識和對權力的爭奪時，夢將會嚴重影響做夢者與世界和現實的關係。

智力

　　在所有可以用來了解一個人的心理現象中，我們常常會忽略智力因素的影響以及一個人對自己的評價和思考。每個人在成長的過程中都可能會迷失方向，我們自己又可能從不同的視角去理解他人，如自私自利的或道德的視角。然而要想理解他人，我們必然會在一定程度上聽聽他對自己的評價，雖然每個人對自己的評價可能並不屬實，但是他對自己的思考必定是我們需要參考的指標。

　　這種用於判斷個體是否了解自己的能力，我們認為屬於智力的範疇，目前在很多孩子或成人的智力測驗中都可以被測量和檢驗。但是直到現在，智力測驗仍然受到很多質疑。很多

孩子的智力水準可以被老師一眼看出，根本不需要測驗。雖然一開始實驗心理學家對於測驗的有效性非常自信，但是另一方面又可以說明測驗是完全多餘的。另外，孩子的智力測驗結果是否可以預測他們長大後的智力水準也遭到質疑，因為很多孩子智力的發展並沒有一致性的規律，所以儘管一些孩子的智力測驗結果很差，但是並不影響他們幾年後的智力發展。還有就是，來自大城市的孩子往往社會體驗更豐富，所以在智力測驗上更占據優勢，但這是否能說明那些沒有為智力測驗做好準備的孩子的智力水準就更低呢？眾所周知，富裕家庭中八歲至十歲的孩子比同齡的貧窮家庭中的孩子更聰明，但是這並不意味著富裕家庭的孩子智力水準更高，這不過是因為他們早期所處的環境與其他孩子不同。

到目前為止，智力測驗的發展還遠遠不夠成熟。在柏林和漢堡，很多在智力測驗中得分高的孩子，在受教育的過程中都沒有獲得很好的成績。這似乎證明了，我們無法用心理測驗的結果來保證孩子的健康發展。而個體心理學在這方面取得了勝利，因為個體心理學的目的並不是為了使個體不停地發展，而是希望個體能夠理解發展背後的積極意義，從而幫助孩子以正確的方式發展自己。不破壞孩子對自己人生的思考和判斷是個體心理學的原則。

第七章
性別

性別與勞動分工

　　如前文所述，我們認為決定個體心理現象的因素主要包括兩點，一個是個體的社會意識，另一個是個人對權力和控制感的追求。每個人一生所面臨的三種主要的挑戰分別來自愛情、工作和社會生活，而在應對挑戰的過程中，這兩種心理因素往往決定了人們的行為表現和人生態度。同時，這也決定了我們是否能真正地了解人性，而一個人對這兩種心理因素的關係判斷決定了他對於社會生活的理解程度，以及他在多大程度上能服從於因社會生活需要而產生的勞動分工。

　　對人類社會來說，勞動分工的作用不容忽視，每個人都需要承擔一定的勞動。那些反對勞動分工的人否定了社會生活的意義，他們反社會、不合群。從小的方面說，他們以自我為中心，調皮搗蛋，令人厭煩；從大的方面說，他們可能會成為社會中的「怪人」或罪犯。因此，對這些不服從社會分工的人來說，他們無法滿足社會對他們的要求，也就必然會面臨著來自公眾的譴責。人類的價值需要透過其對待同伴的態度和參與

勞動分工的程度來展現，只有肯定社會生活的價值才能說明一個人對其他人來說是重要的，並且將其與社會連線起來。按理說，一個人的能力決定了他在社會勞動分工中的生產力，但實際情況並非如此。由於人們對於權力和控制感的過分渴望，導致一些錯誤的價值觀出現，從而影響正常的勞動分工，最終降低生產力，無法正確評估事物的價值。

那些不服從勞動分工的人拒絕了社會給他們安排的位置，而他們對於權力的過分爭奪和以自我為中心的利益維護都會嚴重阻礙社會生活的正常運轉。階級差異對社會的負面影響與此類似。在勞動分工中出現的個人權利和經濟利益的差異使一些人處於更高的社會階層，擁有更高的權力，同時他們還會排斥其他階層的人。雖然勞動分工的存在必然會使一些人獲得特權，另一些人則沒有，但是我們仍然需要了解哪些因素可能會影響社會結構，從而幫助我們理解為什麼勞動分工必然會存在很多問題。

性別同樣是勞動分工的一種劃分依據。比如：女性的某些生理特點決定了她們無法從事某些工作，對男性來說，工作也同樣有適合和不合適之分。但是很多人認為，勞動分工就應該以一種完全公正的標準來安排，不應帶有偏見，這也是很多女性解放運動所持有的觀點。勞動分工的目的既不是為了剝奪女性本身的權利，也不是為了分割男女之間的關係，而是為了讓每一個工作機會都留給最適合的人來做。在人類發展的過程

中，勞動分工的發展也越來越合理，女性承擔一部分工作，男性也在自己的勞動職位上發揮最大的價值。只要在工作中沒有濫用權力，人們的生理和心理沒有受到傷害，那麼勞動分工就是有意義的。

男性的主導地位

　　文化的發展受到某些群體和社會階層權力的影響，那些想為自己謀取特權的人透過勞動分工的方式改變了人類整體的文化特徵，這也是為何男性地位更高的原因。自古以來，男性為了保證自己的利益，統治女性，使自己的地位高於女性，他們採取了勞動分工的方法，讓女性從事一些無關緊要的工作，輔佐男性，以使男性的有利地位不受威脅。

　　就目前的情況來看，女性已經開始對男性長期的主導地位感到不滿。兩性之間關聯緊密，如果兩性關係持續緊張必然會引起雙方的心理失調，從長遠看甚至不利於身體健康，無論對男性還是女性來說，這都會造成嚴重的傷害。

　　人類的習俗傳統和法律道德全都揭示了這樣一個事實，即男性統治者為了維護自身的榮譽選擇給予男性更多的權力。從童年時期開始，社會就向每一個孩子灌輸這樣的觀念，而且不需要孩子對兩性關係完全了解，他們的情緒和態度就已經可以受到這種觀念的影響。比如：當一個男孩被要求穿上女孩的

衣服時，他可能會大發脾氣。只要讓男孩體驗過獲得權力的感覺，那麼他就會想要成為一個有權力的男人，以滿足自己的優越感。正如前文曾多次提到的，現在的家庭教育過多地強調對權力的爭奪，而在一個家庭中，父親往往是權力的象徵，所以自然會導致整個社會對男性特權的過分推崇。孩子對父親在家庭中的地位更為敏感，他們可能會給予父親比母親更多的關注，並且他們會很快意識到父親在家庭中的主導地位，父親在家裡的每一個行為、做出的每一個決定以及他無時無刻不像一個領導者的風範，都會被孩子看在眼裡。所有人都會聽從父親的命令，母親也總是詢問父親的意見，凡此種種都會使父親看起來更為強大而有影響力。對孩子來說，父親就是他們的標竿，父親說的話就像聖旨一般，他們會根據父親的言行來判斷一件事正確與否。不過在有些家庭中，父親的影響也許不是如此明顯，但是孩子還是會認為父親在家中處於主導地位，因為家庭的重擔大部分都是由父親來承擔的，而勞動分工的特點就是讓父親可以在家庭中擁有更高的權力來確保自己的有利地位。

從歷史的發展中可以看出，男性的主導地位並不是一種自然現象，而是人為創造的。比如：很多法律條文中都規定了對男性主導權力的保護，說明在這些法律條文出現以前，必然存在一個不是由男性主導的時代，而這個時代就是歷史所記載的母系社會時期。在母系社會時期，女性在社會中擁有主導地位，尤其是對孩子而言。在那時，一個家族中的每個人都必須

尊重母親在這個家族中的尊貴地位，很多習俗都對此有所展現，如孩子對於陌生男人的稱呼只有「叔叔」或「哥哥」。在從母系社會過渡到男性社會以前，曾出現過一場激烈的戰爭。那些相信自己擁有特權的男性忍受不了總是被女性所統治，所以他們開始為了自己的權力和主導地位而戰鬥。最終，男性取得勝利，歷史記載了男性征服女性的漫長過程。

男性的主導地位不是自然形成的，而是由於早期人類之間的戰鬥導致的，最終男性因為自己的驍勇善戰贏得了戰爭的勝利，而這種優勢正是他們能夠一直保持主導地位的原因。與此同時，所發展出來的財產權和繼承權也是男性統治的基礎，畢竟權力的一大重要特點就是可以獲得和擁有物品。

雖然大部分孩子並不了解這部分歷史，但是他們仍然能從家庭生活中感覺出父親在家中的主導地位。即使這個家庭中的父親和母親非常了解兩性關係，並且也盡力避免因為遺傳所導致的兩性差異，爭取實現家庭中的性別平等，但是孩子還是很難不把做家務看作母親的責任，或者認為父親和母親都應該做同等多的家務。

在一個男孩很小的時候，他就會看到他的生活裡充滿著男性特權的光輝。從他出生的那一天起，他就比女孩更受人歡迎，並且很多父母都難免有著重男輕女的思想。當男孩逐漸長大，他會慢慢發現自己有著更大的特權和更高的社會價值，他也總在不經意間就會發現男性在這個社會中是更為重要的存在。

　　在家庭生活中，女性通常會被安排完成一些技術含量低的工作以顯示男性的主導地位，長此以往，女性自己也會相信當有男性在時，她們與男性之間本就應是不平等的。很多女性在婚前都會問自己的未婚夫一個問題：「你對於男性在家庭生活的主導地位有什麼看法？」男性通常不會正面回答這個問題，也許他們會說自己希望兩個人是平等的，但是有時他們的行為卻違背了平等。在一個男孩小的時候，透過觀察自己的父親，他就會知道一個男性在家庭中有著更重要的地位。最終他會將這種信念轉化為自己的責任，無論在面對來自家庭還是社會的各種挑戰時，他必須保證自己的男性特權。

　　每個孩子在成長的過程中都會體驗到兩性關係帶給他的影響，比如：在很多描繪女性的藝術作品中，大部分的女性所呈現的都是較為悲慘的角色。當孩子看到這些作品後，肯定會希望自己成為男性而不是女性，並且他們會認為只有追求男性特徵才是有價值的人生目標。因此，很多男性特徵被認為更高尚，很多不同的特徵也被漸漸刻板化為男性特徵或女性特徵。而何謂男性特徵，何謂女性特徵，根本不存在一個合理的標準。但是當我們對比男性和女性的某些心理狀態時，又會發現兩性之間存在著明顯的性別差異，男女之間不同的心理特點又會導致他們出現不同的表達方式和行為模式。一個人在男性特徵或女性特徵的表現背後存在某些力量的驅動，但無論是男性特徵還是女性特徵，在權力爭奪方面都有著自己的優勢，並不

存在明顯的不同。比如：有些人為服從或順從他人，表現出所謂的女性特徵，但是同樣為了爭奪權力，聽話的孩子往往比不聽話的孩子更引人注目。所以，我們了解人性的一個巨大困難就在於，人們在爭奪權力的過程中往往會採取非常複雜的方式，讓人難以捉摸。

男孩逐漸長大之後，他會將從父親身上觀察到的男性氣質作為自己的一種責任，為了履行責任，他不得不表達自己對權力和地位的渴望。對很多男孩來說，他們僅僅知道自己擁有男性氣質是不夠的，還必須透過獲得權力來證明自己是個男人。為此，他們一方面需要不斷地努力使自己變得強大，另一方面則要透過壓制女性來突出自己的地位。在這一過程中，男性還會根據他們所受到的抵抗力的大小採取不同的致勝方法，他們要麼頑固蠻橫，要麼詭計多端。

如今，男性特徵的標準已經成為衡量每一個人的統一標準，尤其對一個男孩而言，他們會以這樣的標準來判斷自己是否具有男子氣概，是否是一個真正的男人。而現在對於「男性氣質」的定義也早已達成共識，通常具有男性氣質的人被認為是利己主義的，喜歡控制他人的，也被認為擁有「主動性」的特徵，比如：勇敢、堅強、有責任感，他們是所有對弈中的勝利者，他們戰勝了女性，是地位、榮譽和各種頭銜的擁有者，他們更會避免使自己具有任何女性特徵。在被男性氣質統治的當下，人們對於個人優勢的爭奪從未停止。

　　對一個男孩來說，他對於男性氣質的理解是完全透過觀察成年男性，尤其是他的父親得來的，而這必將不利於社會多樣化的發展。如果男孩在很小的時候就被灌輸了這樣一種觀念，認為男性氣質就等於追求權力，那麼他很可能會將其誤解為粗魯和暴力。

　　由此可見，成為一個男人的好處非常多，甚至很多女孩都想要具有男性氣質，這樣的結果要麼使一些女孩認為男性氣質高不可攀，要麼使一些女孩將男性氣質作為自己的行為準則。不過似乎在我們的文化中，很少有女人是不想成為男人的。比如：很多女孩在玩遊戲時會將自己設定為男性角色；她們像男孩一樣爬樹，只和男孩一起玩，並且認為自己的一些女性特徵是丟人的，她們只能在具有男性化的活動中獲得滿足感。現在人們對於男性氣質的偏愛導致人們過於追求權力感和優越感，卻忽略了生命中其他重要的事情。

女性的自卑

　　男性主導地位確立的原因，一部分是男性確實為自己爭取了較高的社會地位，而另一部分則是女性的自卑所襯托出來的。關於「女性是自卑的」這一觀念幾乎存在於所有的種族中。這種對於女性的偏見最早起源於男性反抗母系社會的戰爭時期。一位拉丁作家曾寫過這樣一句話「女人是男人的困惑」。在

神學研究中，人們爭論最多的問題是女性是否有靈魂、女性是否真的是人。對於這個問題的困惑與不確定，最終使女性在長達一個世紀的歷史時期中被迫害、被壓制。

　　女性被認為是萬惡之源，像《聖經》中的原罪，像荷馬的《伊里亞德》中所寫的那樣。海倫的故事讓我們看到一個女性是如何將全人類帶入了不幸之中。神話傳說無一不向我們傳遞著女性是惡毒的、虛假的、善變的、無道德的、不忠誠的，甚至「女人愚蠢」的觀點都可以被用作法律案件中的證詞。與此同時，對女性的偏見還導致了對女性能力的貶低，無論是文學軼事還是格言笑話，在很多文學作品中，都充斥著對女性的侮辱與貶低，女性因為卑鄙、愚蠢等特點被眾人指責。

　　生活中的很多細微之處都足以證明女性的自卑，像史特林堡、莫比烏斯、叔本華和魏寧格等越來越多的男性都支持這樣一種觀點，女性因為自卑，所以不會選擇辭職以表示反抗，哪怕是不公平的工作，甚至連她們自己也預設女性就是不如男性。在她們的認知裡，女性就應該服從於男性，即使做相同的工作，女性的薪資比男性低也是合理的，這無疑是對女性自身和女性勞動力的侮辱。

　　如果對比男性和女性在智力測驗中的成績，我們會發現在某些科目中，如數學，男性的成績要好於女性，而女性在語言等其他科目上的表現則要好於男性。也許男性在面對一些需要具備男性氣質的工作時，確實要比女性表現得更好，但這並不

是由於男女本身能力上的差異所導致的。我們仔細研究了女性之後才發現，她們所表現出來的能力欠缺往往是由於她們對自己的消極暗示所導致的。

當一個女孩每天跟自己說，女性就是不如男性，女性只適合做一些不重要的工作，那麼毫無疑問，她會越來越相信自己無法改變自己終將成為一個無用的女性的命運，再加上童年時期她可能缺少與男孩一樣的訓練和教導，使她最終相信自己就是無法擁有像男性一樣的能力。在這種觀念的長期影響下，即使當一個女性有機會獲得一個男性化的職業，她也會認為自己無法勝任，或是自己對此根本不感興趣。即使感興趣，她也堅持不了多久就會放棄，因為不論是她的內心還是外在條件都沒有為此做好準備。

在這種情況下，「女性能力低」的說法似乎已經得到證實。第一，對女性的偏見之所以會被不斷放大，是因為人們在判斷一個人的價值時往往只依據這個人的工作能力或單方面的個人成就，這就使我們很難判斷一個人的外在能力和表現與其心理發展之間的差距。第二，一個感覺自己被忽視的女性往往會選擇性地聽取身邊對女性有偏見的言論，為了讓行為符合價值觀，她們往往會貶低自己，不相信自己所做的事情有任何價值。如果一個女孩在歧視女性的環境中長大，她對於女性的偏見也會被不斷加強，長此以往，她必定會在面對生活的各種問題時喪失勇氣與信心，然後她將如自己所認為的那樣成為一個

無用的人。然而，如果一個人喪失自尊與勇氣，不敢與社會建立連繫，不相信自己能達成任何成就，不是因為別的，而是因為我們，那麼我們還敢說自己是對的嗎？難道不是因為我們才導致了她所有的悲傷與痛苦嗎？

在當前的文化背景下，女性很容易陷入自我懷疑，喪失勇氣和自信。但事實上一些智力測驗的結果顯示，有些年齡層的女性在能力和智力都要明顯高於男性，如十四歲到十八歲的女孩。當對這些女孩進行深入的研究之後，我們發現這些女孩的母親有一個共同點，她們要麼完全承擔著家庭的經濟重擔，要麼至少負擔著家庭的大部分開銷。這說明在這些女孩的成長環境中，幾乎沒有或很少存在對女性的歧視，她們所看到的是母親可以透過勞動獲得應有的報酬，因此她們也相信自己可以自由而不受拘束地做任何想做的事，而不會受到「女性無能」的觀念的限制。

證明女性並不比男性差的另一個證據是，像文學、藝術、手工藝和醫學等領域中，有一些女性的成就不僅可以與男性比肩，甚至還能超過男性。而在所有領域中都存在很多不僅沒有成就而且毫無能力的男性，這部分男性的數量之大完全可以證明男性比女性更差。

歧視女性的一個嚴重後果在於，這會將男性與女性完全地區分開，男性氣質代表強壯、能力、勝利，相反，女性氣質就是服從、順從、卑微。當我們形成這樣的思維模式後，人們就

會以此作為判斷標準，將一切具有男性氣質的特徵認為是更高級的，而女性氣質則是更低階、更沒有價值的。沒有什麼比說一個男性像女性更讓他感到屈辱的，反過來說一個女性有一些男性氣質則不會有什麼影響。總之，生活中很多時候，哪怕一個人語調的變化，都可能讓我們聯想到女性不如男性。

女性的自卑往往會導致她們的心理發展受到抑制，並進一步影響人格特徵。在孩子的發展過程中，誰也無法保證可以把孩子培養成一個天才，但是我們可以做的其實是不要干涉孩子的成長。我們的不作為反而是一種幫助。為什麼現在有很多女性的成就要明顯高於男性？因為在任何一個看起來沒有什麼天賦的孩子身上，誰知道會不會有奇蹟發生呢？

拒絕女性身分

男性在社會中的優勢地位已經對女性的心理發展造成嚴重困擾，甚至出現了對女性身分的普遍不滿。在這樣的社會環境下，女性自身也難免會因為自己的女性身分而感到自卑，導致她們明明與男性身處同樣的世界卻面臨著更大的心理壓力。一旦女性意識到自己的不利處境，想要補償自卑導致的劣勢地位，那麼無疑將影響到她們性格和智力的發展，甚至會更渴望獲得權力的補償。一個錯誤可能導致其他更多錯誤的出現。當我們為了補償女性，給予女性更多的特權時，表面看起來是給

予了女性更多的尊重，但本質上還是為了滿足男性的利益，實現男性的理想。就像喬治‧桑曾說過的：「女人的美德不過是男人的稱讚罷了。」

那些沉迷於與自己的女性身分鬥爭的女人通常可以分為兩類。一類是那些主動追求男性氣質的女性。她們往往精力充沛、充滿鬥志，為獲取成功不斷努力。她們想要超越自己的兄弟或男性朋友，熱衷於參加男性喜歡的運動或其他活動。她們通常會迴避愛情關係，也不會步入婚姻，即使她們結婚了也很有可能因為總想要超越自己的丈夫而導致婚姻不和諧。這類女性往往不願意承擔家務，要麼直接拒絕，要麼會間接地說自己沒有做家務的天賦，然後不斷證明自己真的不適合做家務。

用男性氣質來表達自己對於男性的反抗，是這些拒絕女性身分的女性的態度，這樣的女性通常被稱作「像男人一樣的女人」或「男人婆」。但是，很多人對這類女性存在一定的誤解。比如：很多人認為有一些女性之所以具備男性氣質是先天因素決定的，因為她們分泌更多的雄性激素。然而，人類文明史的發展顯示，女性從過去到現在一直承受著巨大的壓力，如今她們已經到了不得不反抗的地步。只不過她們反抗的結果是變得更加男性化，來自性別角色的壓力，總會使壓力下的女性要麼成為一個典型的女人，要麼就只能使自己朝向一個男人的方向發展。性別角色也不過兩種而已。所以，那些想要遠離女性身分的人只能往反方向的男性氣質發展，這種變化並不是因為某

些分泌物，只不過是因為她們當下沒有其他的選擇而已。儘管如此，我們不應該責備這些迫不得已的女性，不應該忽視她們在成長過程中面臨的各種心理問題。如果我們無法實現女性與男性之間的絕對平等，就不應強求女性要完全符合文化和社會生活的要求。

第二類對自己女性身分不滿意的女性則與第一種類型完全不同，她們完全聽任生活的安排，非常順從和卑微。從表面上看她們可以在任何地方都適應得很好，但實際上她們根本無所作為。她們中有很多人都存在神經系統方面的疾病，她們非常虛弱，需要其他人的照顧；同時她們用疾病當作擋箭牌，有充分的理由說明自己為什麼不適應生活。所以她們大可以說自己其實非常優秀，只不過因為生病使自己在生活的很多方面不盡如人意。雖然這類女性卑微順從、壓抑自我，但是與第一類女性相同的是，她們都在表達著自己對女性身分的反抗，她們都認為自己的生活不幸福。

還有第三類女性，她們並不排斥自己的女性身分，她們承認女性就是自卑的，也願意在生活中處於男性之下，她們甚至相信只有男性所做的事情才是有價值的。所以，她們認為男性擁有特權是理所當然的，所有的成就應該給予男性，男性也應該比女性擁有更高的地位。這類女性透過示弱以希望獲得幫助和認可，但本質上看這不過是她們為了長期的反抗所做的鋪陳。這樣一來，她們可以將婚姻的所有責任推給丈夫，就像她們最

常說的一句話：「這些事只有男人才能做。」

　　儘管女性的地位被認為是低於男性的，但是教育孩子的任務還是更多地被交給女性負責。那麼上文中所提到的三種不同類型的女性在教育孩子的過程中會有怎樣的不同呢？第一類「男性化」的女性往往會成為一個嚴厲專橫的母親，她可能會懲罰孩子，給孩子施加過多的壓力。對孩子來說，這種類型的教育更像是軍事訓練，他們會認為自己的母親並不是一個合格的教育者。喊叫和命令在教育的過程中常常形成相反的作用，對女孩來說，她們可能會模仿自己的母親；男孩則可能會因為想到自己以後的人生而感到害怕，甚至因為自己的母親而迴避與其他女性的交往，無法信任其他女性。如此，必將不利於男性和女性之間關係的發展。從病理學的角度來看，這可能是由於「男性氣質和女性氣質的錯誤結合」導致的。

　　另外兩種類型的女性同樣無法成為稱職的教育者。在教育孩子的過程中，這些母親可能會擔心孩子遲早發現她們的不自信，而這種擔心只會加劇她們的嘮叨和責備，甚至會威脅孩子再不聽話就去告訴他們的父親，進一步表明她們對於自己教育能力的懷疑。漸漸地，她們可能不再相信自己可以教育好孩子，就好像她們也不得不承認男性是更有能力的，包括在教育孩子方面。這樣一來，因為她們相信自己根本不可能成功，所以她們既可以逃避對孩子的教育，也可以毫無內疚地將所有的責任推給丈夫和老師。

此外，還有一些對女性身分不滿的女性為了逃避生活想出了一些看似「更高級」的理由。比如：部分單身主義者，她們的選擇表明，她們顯然無法很好地接受自己的女性身分。同樣地，還有一些從年輕時就沉迷於事業的女性，她們依靠事業使自己獨立，避免自己受到婚姻的捆綁，這些行為的背後其實都蘊藏著對女性身分的不滿。

所有步入婚姻的女性都是自願的嗎？婚姻並不能說明一個女性完全接受了她的女性身分。比如：有一位三十六歲的女性因為神經系統疾病來看醫生。她是家中的長女，她的父親的年紀要比母親大很多，而她的母親是一個非常專橫跋扈的女人。當她的母親還是一個年輕漂亮的女孩時就嫁給了一個老男人 —— 她的父親。這樣的結合讓這名女性有些懷疑母親是不是因為對女性角色不滿才嫁給了父親。父母的婚姻並不幸福，母親總是在家裡大喊大叫，要求所有人都要按照她的想法做事，不管其他人是否願意。父親在家中毫無地位可言，母親甚至不允許父親躺在沙發上休息。母親說她所做的一切不過是為了維護家庭經濟的運轉，但其實她就是這個家庭無上的「法律」。

這名女性從小就非常優秀，深得父親的寵愛，但母親卻總是對她很不滿意，甚至充滿敵意。尤其是當她的弟弟出生以後，母親非常偏愛弟弟，而她與母親之間的關係也越來越僵化。這名女性知道父親雖然在其他事情上很順從、很卑微，但只要女兒的利益受損，他一定會為女兒撐腰，所以這名女性開始光明

正大地厭惡她的母親。

她和母親爭執最多的一件事是母親的潔癖，母親甚至要求她每次摸完門把手之後都要把它擦拭乾淨。但如果是弟弟弄髒了衣服，母親就不會責備他。

隨著這名女性逐漸長大，她的很多性格特徵和行為表現都與母親的期待完全相反，不管她能否意識到，她的目的不過是用這種方式來激怒母親。難以想像，她與母親之間的恩怨一直持續至今。

在她八歲的時候，母親每次朝她發火、責備她、讓她完全聽從自己的安排時，父親總會站在女孩的一邊。而這名女性又十分聰明，總是能想出一些諷刺的話來反駁母親。另外，由於她的弟弟有心臟病，所以母親會給予弟弟更多的寵愛和關心。可見，這名女性的成長過程因為父母的原因遭受過很多挫折。

後來她的神經系統開始出現問題，但是沒有人知道病因是什麼。病症主要表現為她總是想要謀害自己的母親，並且這一邪惡的想法總是揮之不去，已經嚴重影響到她的日常生活。她為了擺脫這一想法的困擾，開始信奉宗教並沉迷其中，但是沒有顯著的成效。後來透過藥物治療和一些其他的方法，她的邪惡想法漸漸消失了，不幸的是留下了恐懼雷電的後遺症。

這名女性堅信是她的邪惡想法帶來了電閃雷鳴，甚至相信有一天她可能因為自己的壞心思而遭到報應。這說明這名女性已經慢慢放下了對母親的恨，她希望自己的未來能夠不再被仇

恨所困擾。可是，在她日後的成長過程中，一位老師的話對她產生了很大的影響，這位老師曾說過：「這個女孩想做的任何事她都可以做到。」這樣一句平常的話卻讓女孩意識到「只要是我想要的我就可以得到」，這反而再一次加劇了她想要與母親抗爭的意願。

很快，這名女性長成了一個年輕漂亮的女人，也到了該結婚的年齡，求婚者很多，但都因為她刁鑽的說話方式而選擇放棄。她愛上了一個住在她家附近的比她大很多的男人，大家都以為她會嫁給他，但是男人不久之後搬走了。住在附近的人經常在背地裡議論她，卻沒有人了解她的過去，也沒有人知道她為何變成今天這樣。從她很小的時候就開始了反抗母親的戰爭，為了取得勝利，她變得能言善辯，甚至從此「愛」上了與人爭辯的感覺。所以長大之後，她喜歡與他人進行口角之戰，她不斷為自己尋覓新的戰場，用戰鬥滿足自己的虛榮心，使自己感到愉悅。而她的男性氣質決定了她只喜歡和她能夠戰勝的對手戰鬥。

二十六歲時，她結識了一個非常正直的男人，他不僅願意忍受她好鬥的性格，而且願意和她認真地辯論。這名女性的親戚們都希望她可以嫁給這個男人，但是這個男人並不是很喜歡她，她也不想嫁給他。不過兩年之後，她卻漸漸地接受了這個男人，並且願意為他做任何事情，甚至成為他的僕人。她也希望能在他身上找到自己父親的影子，無論她想要什麼東西，他

都可以滿足她。

　　不幸的是，很快她就意識到自己錯了。結婚後不久，她的丈夫就原形畢露，在家裡什麼都不做，就一直舒服地坐著邊抽菸邊看報紙。他每天早上出門上班，晚上準時回來吃飯，要是晚飯沒有及時做好，他還會抱怨她。他要求妻子做到家裡整潔乾淨，對他溫柔體貼，做事準時準點，這一切不公平的要求都是這名女性無法忍受的。而且她和丈夫的關係遠遠不是她曾以為的和父親的關係那樣親密，她所有的幻想都破滅了。她對丈夫的要求也越來越多，但是丈夫可以滿足她的卻越來越少。同樣地，丈夫越是希望她能夠好好做家務，他就會越來越覺得她做得不夠好。她已經告訴他很多次，她不喜歡他，所以他沒有權利要求自己為他做這些事情，但是丈夫卻完全不當回事，還是不斷地要求她。最終她徹底喪失了對未來的希望。曾經男人憑藉自己的責任心和正直吸引了這名女性，可是在他擁有了她以後，他所有的魅力蕩然無存。

　　雖然兩個人的關係並沒有隨著時間而得到改善，但是這名女性還是成了一個母親，需要承擔作為母親的責任。與此同時，她與自己母親的關係也變得越來越糟糕，母親對自己的女婿也非常不滿意。所以，這個家裡的矛盾與日俱增，從未停止，一旦丈夫做錯什麼事，這名女性就會不假思索地責備和抱怨。這名女性之所以會對丈夫如此不滿意，本質上還是因為她無法忍受自己的女性身分。她始終覺得自己就應該是家中的「皇

后」，其他人都應該像奴隸一樣跟在她的身旁，以她的意願為中心。

她現在該怎麼辦呢？難道她要和丈夫離婚，回到母親身邊，承認自己失敗了嗎？她從未想過也沒有能力獨立地生活，離婚無疑會摧毀她的自尊與虛榮。生活對她來說實在太難了，她一面要忍受著丈夫的要求，一面還要與母親的潔癖和各種不合理的要求做抗爭。

突然有一天，她也開始變得無比整潔有序，她可以一整天什麼都不做就一直打掃。一開始母親和丈夫看到她這樣都很高興，母親以為自己多年來的教誨終於奏了效，丈夫看到妻子如此勤快地做家務自然也滿心歡喜。但是一段時間之後，所有人都能看出她的行為有些異常。她每天都要擦洗很久，直到家裡所有地方都一塵不染，周圍人都對她的這種勁頭感到擔心，她的行為已經嚴重影響到其他人的生活。因為只要她擦過的地方被其他人碰過，她就必須再重新擦一遍，而且必須由她親自來擦她才放心。

這種過於清潔的表現顯然已經達到病態的程度，但是這樣的行為在很多女性中又十分常見，尤其是那些對自己的女性身分不滿意的女性來說，她們希望能給別人留下整潔乾淨的印象為自己加分。但是，對這名女性來說，家的整潔並沒有減少家庭關係的矛盾，相反，她如此賣力地打掃本就不是為了家裡的整潔乾淨，而是希望使全家人都處於混亂之中。

　　這名女性的情況很符合我們對於很多無法接受自己女性身分的人的了解：她們沒有女性朋友，不會與他人相處，也不會站在其他人的角度來思考問題，而且這些人的行為模式往往十分相似。

　　未來我們應該更好地教育女孩，讓她們學會接受自己的女性身分，從而可以更好地生活。但是就現在的情況而言，要想讓女性完全接受自己的女性身分還存在很大的困難，因為法律和文化傳統仍然默許著女性更低的身分地位，所以即使很多人在心裡否認這樣的事實，也無法從根本上改變這一局面。我們需要做的是學會辨識社會中關於兩性關係不合理的信念並與之對抗，這不僅僅是為了給予女性本應得到的尊重，更是為了保證我們的社會可以正常執行。

　　此外，還存在另外一種可能造成歧視女性的原因，就是女性的「年齡危機」，通常是指女性處於五十歲左右時會表現出的一些典型特徵。在女性更年期時，生理的變化使她們失去了很多曾伴隨她們前半生的性別特徵。在這樣的狀態下，她們為了維持自己身心的穩定，必須付出更多的努力。但社會是殘酷的，社會對一個人價值的判斷完全依據他當下的表現，所以對那些年長的人，尤其是逐漸變老的女性來說，她們的生活必定要面臨很多困難。當我們否認一個正在變老的女性的價值時，這不但會給女性帶來傷害，而且每一個人都會受此影響，所以我們不能僅僅透過一個人在生活中的表現來評定其價值。年老

必定會帶來能力的下降，但一個人曾經達到過的高度不應該在其老去時就被忽略。社會沒有權力因為一個人變老就判定他無權再享有精神生活和物質生活的豐富多彩，尤其對女性來說，這樣的做法簡直就是奴役。青春期的女孩會因為想到未來的生活而感到焦慮，年老的女性同樣有權力保持女性的氣質，時間無權剝奪一個人的價值與榮譽。

兩性之間的對立關係

很多人的不幸福其實是我們文化本身的錯誤所導致的。當文化允許偏見存在時，我們就要知道這些偏見必定會反過來影響文化和社會的各方面。女性的弱勢地位必然會導致男性的社會地位更高，而不利於兩性關係的和諧發展，造成兩性之間的對立，最終會嚴重威脅甚至摧毀兩性之間的友好交往。兩性對立必然也不利於愛情關係的正常發展，這也是為什麼現在和諧穩定的婚姻越來越少，甚至在很多孩子的印象裡，婚姻是可怕的。

以上我們所總結出的對性別的各種偏見，已經嚴重影響了孩子對生命的理解，太多女孩把婚姻當作解決問題的緊急出口，卻又只能在婚姻中看到男性與女性的醜惡嘴臉。兩性之間的緊張關係已經嚴重影響到了日常生活，女性越來越不願承擔社會所要求她們扮演的女性角色，可是男性對權力的渴望並未減少。

　　要想緩和兩性之間的對立關係，保持友誼關係是最好的方法，因為無論讓哪一方附屬於另一方都是不公平的。兩性之間的關係對每個人都很重要，一旦兩性關係出現問題，必將造成嚴重的不良後果。尤其在今天，人們很容易將孩子往某一種性別氣質的方向培養，而這可能會導致對另一種性別傾向的忽視和貶低，如此一來，對個人的影響是巨大的。

　　性別平等的教育顯然是有利於解決這一問題的，但是目前還未形成一套有效的教育方法，孩子從幼稚園開始就已經展開激烈的競爭，加之社會的迅速發展，這一切都不允許我們有充分的時間來解決這個問題。越來越多的人害怕談戀愛，而這其中的原因在相當程度上是社會要求男性必須表現出男性氣質，即使表現的方式是暴力和背叛。

　　在戀愛關係中，過於自我必然不利於兩性之間的坦誠與信任。唐璜就是一個對自己的男性氣質不自信的人，所以他才會採取很多的方法來證明自己的男性氣質。如果男性和女性之間無法彼此相信，那麼雙方必然無法坦誠相待，其結果一定是不好的。過於強調男性氣質的重要性，其實就是鼓勵人們勇於挑戰、超越自己，不斷向前，其結果很有可能會帶來虛榮自負和迷戀權力，這些都無法引導我們過一種健康、正常的生活。因此，我們每個人都應該支持女性解放運動，幫助女性實現平等和自由，因為只有當女性可以接受自己的女性身分時，兩性之間的對立關係才有可能真正得到緩和，人類才有可能獲得真正的幸福。

變革

人們已經提出很多用以改善兩性之間關係的舉措，其中最為重要的一項是男女同校教育。不過人們對於這樣一項舉措褒貶不一，有人支持，也有人反對。支持的人認為，男女同校教育可以讓男孩和女孩從小就互相了解，有利於減少對彼此的偏見，從源頭上扼殺性別差異的不良影響。但是反對的人則提出，男孩和女孩在剛一入學時就已經表現出明顯的差異，同校教育只會增大兩性之間的差距。女孩的心智水準往往比男孩發展得更快，所以男孩在學齡期間比女孩承受的壓力更大。雖然男孩認為自己應該獲得更多的權力，並且能力也比女孩更高，但現實卻像一個肥皂泡，使他們不相信自己確確實實擁有男性氣質。所以現實生活中，同校教育只會讓男孩更為焦慮，自尊水準更低。

顯然這兩種觀點各有各的道理，但是我們必須要知道同校教育的目的是為了使兩性之間的競爭可以轉變為對每個人才能的培養，同校「同」的並不是老師和學生。如果老師無法正確理解同校教育的目的是為了讓男性和女性可以在未來的生活與工作中互相理解、互相配合，那麼這一舉措必定失敗。

與器官缺陷者的自卑情結類似，一個處於青春期的女孩也會因為自卑而做出過多的補償行為。但是兩者的不同在於，女孩的自卑是由周圍環境造成的，而且環境帶給女孩的消極暗示

與壓力極強，哪怕僅僅是透過觀察別人的行為，也足以使她們陷入深深的自卑之中。兩性之間的不平等只會讓所有人盲目地追求權力感的滿足，最終兩性之間的關係越來越複雜，彼此間除了偏見與誤解，毫無坦誠可言，更別指望會有幸福的生活。

第八章
家庭星座

　　在我們了解一個人之前，首先需要做的是了解他的成長環境，也就是一個人在他的家庭星座中的位置。根據人們在家庭中身分的不同，我們才能對他們的成長經歷和性格特徵做出更好的判斷，比如：第一個出生的孩子、最後出生的孩子或獨生子女等。

　　長期以來，在人們的認知裡，最小的孩子往往與其他孩子有著明顯的差別，而且無論是神話故事、傳說還是《聖經》裡面，對他們的描述總是類似的。比如：他們對父母來說更為特殊，無論是年齡還是身體，他們都比其他孩子更小，相應地也會得到他人更多的關心與愛護。在他們還很弱小的時候，哥哥姐姐們已經長大，更為獨立，所以最小的孩子往往在一個更為溫暖的環境中長大。

　　在特殊待遇下長大的孩子，更希望自己能擁有與眾不同的性格表現。沒有孩子會願意做最小的那個，因為「小」意味著不值得被信賴，所以每個家庭中最小的孩子通常比其他孩子更想要證明自己，他們更想要獲得權力，戰勝其他人，使自己成為最優秀的人。

　　雖然在很多家庭中，出生最晚的孩子往往能力最強，但是也有一些例外的情況。那些家中最小的孩子，他們渴望超越哥哥姐姐，但卻因為缺乏能力和自信，在各種任務中表現得更差，他們通常害羞膽小，逃避責任。他們並不是不想要超越其他人，只不過能力有限，他們只能選擇在與能力無關的其他事情上表現自己，以實現自己的人生目標。

　　在閱讀很多文學作品時，讀者們往往會忽視家庭中那個最小的孩子，認為他們比較自卑，而自卑在相當程度上代表著一個人心理發展的成熟度。所以從這個意義上說，最小的孩子就像那些生來就帶有器官缺陷的孩子一樣，雖然孩子也許感覺不到自己與其他人的不同。一個人本身的劣勢並不重要，重要的是每個人對自己處境的理解與解釋。童年時期對每個人的成長都至關重要，但童年又是最容易對未來留下不良影響的時期，每個人在童年時期都可能會面臨很多的問題。

　　教育者應該做些什麼呢？應該不斷地滿足這些孩子的虛榮心，還是應該鼓勵他們勇爭第一？也許這些都不利於讓他們學會如何應對未來人生的困難。經驗告訴我們，第一名的孩子和其他孩子沒有本質上的差別，為了成為第一或者成為一個最優秀的人，我們已經精疲力竭，可是第一並不等於幸福，是不是第一，是不是最優秀的那個人其實並不重要；相反，過於追求第一的結果可能是忘記先教孩子成為一個好人。

　　這樣一來，孩子只會考慮自己的利益，擔心其他人超過自

己，從而導致對同伴的嫉妒和厭惡，為自己的名次感到焦慮。家中最小的孩子從一生下來就要想著如何去追趕前面的人，如何打敗他們，就像賽車手或馬拉松運動員，他們骨子裡有著不停追趕的信念，即使他們並不自知，行為上卻表露無遺。這些排行最小的孩子，他們一生都有著比賽的精神，他們無法忍受自己走在隊伍的末尾，一定要做領頭的人。

雖然並不能說所有排行最小的孩子都具有以上特徵，但是這些共同點仍然適用於大部分孩子。很多家中最小的孩子，他們往往會成為一個家庭中最有能力且最有成就的人，甚至像《聖經》中的約瑟夫一樣，成為一個家庭的救世主。過去的很多記載都展現了一個家中小兒子的出色與優秀，但很可惜的是，在歷史的傳承中，很多數據都已經丟失了，這才使我們今天不得不再次對此進行證明。

當有些馬拉松運動員突然遇到一個很難跨越的障礙時，他可能會選擇繞過去，同樣，對那些家中排行最小的孩子來說，也存在這樣的情況。有些孩子膽小怯懦，遇到困難容易退縮。他們往往不夠優秀，甚至一事無成，就像那些無所事事的「藝術家」一樣，浪費時間也浪費生命。在任何與他人的比拚中，他們常常都會失敗，所以盡量迴避與他人的競爭，就算失敗了也會為自己找好各種理由，比如：因為這不是他們的強項，或者是因為哥哥姐姐們總是寵著他們，限制了他們的成長。如果一個人既是家中最小的孩子，生來還帶有某些身體缺陷，那麼他的

人生可能會更艱難，不過他完全可以以自己的弱小為藉口，證明自己的不幸是有原因的。

以上所提到的關於家中最小的孩子的兩種類型，都不是健康而正常的人。第一種類型的孩子，也許可以很好地適應競爭的環境，但是他們必須犧牲其他人的利益來保持自己內心的平衡；第二種類型的孩子，他們終生都需要承受著自卑帶給他們的壓力，無法真正地接納自己。

另外，每個家庭中第一個出生的孩子也具有某些鮮明的特點。由於他們的心理發育最早，在所有孩子中通常處於較為有利的位置，這能夠幫助他們更好地適應生活。比如：在歐洲的農場，農場主的長子在他很小的時候就知道他以後要負責掌管整個農場，所以相比於其他孩子，他可能會對自己未來的人生有更清楚的規劃。其他的家庭也是一樣，通常都是大兒子最後成為一家之主。對有些中產階級或無產階級的家庭來說，他們也許沒有所有家人在一起生活的習俗，但是長子在家中通常也會被認為是更有能力的，是父母的好幫手。所以對長子來說，他們從小就被賦予了更多的信任與責任，他們相信自己是有價值的，他們可能會經常被灌輸這樣的思想：「你是最高大的，是最強壯的，是最年長的，所以你也應該比其他人更聰明。」

如果家中最大的孩子一直沿著這樣的期望發展，那麼他們很可能會成為法律和秩序的守護者，或具備與此類似的某些特徵。因為這樣的人通常很看重權力，不僅是他們自己的權力，

也包括社會中普遍的權力。所以他們會認為權力是至高無上的，應該給予尊重和保護，這類人通常較為保守。

家中第二個孩子在爭奪權力的過程中與第一個孩子有明顯的差別。第二個孩子需要承受來自長子的壓力，所以他們天生就帶有一種想要比賽或競爭的意識，尤其是如果長子已經獲得了一部分權力，這會更加激發次子對於權力的爭奪。在與第一個孩子爭奪權力的過程中，如果第二個孩子是有能力的，那麼他會選擇奮勇向前，超越第一個孩子；而第一個孩子因為已經擁有權力，所以通常不會與第二個孩子有過多的爭奪，除非第二個孩子的表現即將超越他時，他才會感到有些不安全。

在《聖經》中以掃和雅各分別是家中的長子與次子，他們之間以爭奪權力為目的的戰鬥從未停止過，不過他們所爭奪的並不是權力本身，而只是權力的一個「空殼子」。他們之間的戰鬥最終以長子的失敗告終。而次子在這個過程中表現出的姿態很像是普通人所慣有的嫉妒——害怕自己被忽視、被看輕。次子為了超過長子通常會給自己設定一個遠大的目標，然後將自己的一生都陷於其中。但這真的是他們想要的嗎？還是他們為了一些虛假無用的東西而毀掉了自己一生的幸福？

當然，獨生子女也是十分特別的。他們沒有其他兄弟姐妹作為參照，所以他們無從知道自己被教育的方式與其他人有何不同。他們的父母也沒有其他的選擇，只能將所有的熱情寄託在這個唯一的孩子身上。這也就導致獨生子女通常都比較依賴

他人，總是希望其他人能告訴自己應該怎樣做，時時刻刻都在尋求他人的幫助。當所有人都寵著他們，替他們擺平成長道路上的各種困難時，他們自然會在遇到困難時手足無措。他們總是眾人關注的焦點，所以他們相信自己配得上任何有價值的東西。不過獨生子女所特有的成長環境，也使他們很難不犯錯。如果父母能意識到這一點，至少可以在一定程度上減少不幸的發生，但是獨生子女的問題還是必然會存在的。

　　父母肯定會非常擔心自己唯一的孩子的生命安全，因此表現出對孩子過多的關心，而這對孩子來說則意味著非常大的壓力。當父母總是很擔心孩子的安全與健康時，他們會讓孩子認為這個世界充滿了危險和敵意。父母為他們營造了舒服安全的生活，卻讓他們在困難來臨時不知如何應對。生活就像一場災難，部分獨生子女很可能會變成社會的寄生蟲，終日享樂，一事無成。

　　除了以上這幾種特殊類型，一個家庭中還可能有很多種子女組合的方式，其中問題較大的一種組合是一個家庭中有幾個女孩卻只有一個男孩。在這樣的家庭裡女性氣質占主導，男孩在很多女性的控制下，要想出類拔萃必定會遇到很多困難。來自姐妹們的壓力使他很難獲得男性的特權感。所以這類孩子最大的特點就是長期缺乏安全感，難以正視自己。他作為家中唯一的男孩，需要承受著家裡其他女性賦予他的責任與義務，這在一定程度上可能會給他留下男性就應該地位更低的印象。在

這樣的環境下，他要麼漸漸丟掉了勇氣和自信，要麼就會向另一個過分追求成功的極端發展。但無論是哪種結果，其原因都是相同的。

由此可見，一個人在家中的排行或地位對他以後的性格、能力等特質的影響非常大。雖然過於強調遺傳對個體的影響可能會抹殺教育的意義，但是遺傳的影響又是那麼顯而易見，就算一個孩子從出生就離開了親生父母，但是長大後他還是會具有某些與父母相似的特徵。如果一個孩子天生就有某些身體缺陷，那麼他日後肯定會因此遇到很多發育或成長的問題。就像一個天生身體很弱的孩子，他在適應環境的過程中必然會面對很多挫折和壓力，如果他的父親也和他一樣天生就帶有某些身體缺陷，那麼這個孩子肯定會和他的父親十分相似，無論是他們的性格還是他們在成長中可能會遇到的困難。從這一角度來說，後天性遺傳理論似乎就有些站不住腳了。

根據前文所述，我們認為一個孩子在成長過程中肯定會犯錯，而這些錯誤導致的最嚴重的後果是他們過於渴望超越自己的同伴，希望獲得更多的權力來證明自己的優勢。這也驗證了我們的文化存在的一個弊端，它要求每個人都必須按照一個固定的模式來成長，如果想要擺脫這種不利於人類的發展模式，我們就必須知道一個人在成長過程中可能會遇到哪些問題，以及如何解決這些問題。目前，我們認為可以解決這個問題的一個方法就是發展個人的社會意識。如果人們的社會意識可以得

到很好的發展，那麼這些由家庭因素導致的問題就可以被解決。但是這在我們的文化中是相對較難的，所以孩子成長過程中所遭遇的那些問題才會對他們成年後的生活產生如此重要的影響。正因如此，我們經常可以看到，有些人積極地為自己的生活打拚，而有些人的生活則充滿了悲哀與絕望。這些人也是受害者，他們因為過往不幸的經歷而對生活採取了錯誤的態度。

當我們了解了這些以後，我們應該在以後的生活中更溫柔謙遜地對待他人，不對他人的價值做任何道德判斷。我們需要更多地從社會意義的層面去了解他人，對那些被不幸誤導的人們，我們可能比他們自己更了解他們。這也是教育的一個新的意義。當我們能夠找出導致人們走向錯誤人生的原因時，才有可能提出更好的改進方法。透過分析一個人心理結構的發展，我們不僅可以了解他的過去，還可以推測他的未來。關於人性的研究就是為了讓我們可以透過每個人的外在，去了解他豐富生動的內心，那才是他最真實的樣子。

02

第二部分　掌控人類性格

　　阿德勒認為，我們對世界的理解程度決定我們對世界的態度，我們的命運也由自己的內心決定。因此，理解並解決人性問題對我們來說至關重要，它是我們建立社會關係的基礎，是生活融洽的前提。

Adler believes that our understanding of the world determines our attitude towards the world, and our fate is also determined by our own hearts. Therefore, it is essential for us to understand and solve human nature problems. It is the basis for our social relations and the premise for our harmonious life.

第一章
概述

性格的本質

　　性格展現的是一個人在適應世界的過程中所形成的某種特定的表達方式，是一個人與周圍環境的關係，屬於人的一種社會屬性。所以，如果想要分析《魯賓遜漂流記》中魯賓遜的性格，我們必須考慮他的生存環境。

　　上文已多次提到，人們在設定自己的人生目標時通常會受到權力的影響，人們的世界觀、行為模式以及在特定情況下的心理過程又會受到人生目標的影響。相比之下，性格則是每個人生活方式和行為模式的外在表現形式，或者說是每個人內心的外在表達。所以透過性格，我們可以了解一個人對待他人和社會，以及應對困難時的態度。性格是人們生活中的一種技巧或工具，好的性格可以幫助人們獲得他人的認可和重視。

　　性格並不是像很多人所認為的那樣完全由遺傳決定。性格的形成其實是為了更好地適應生存，所以人們才將性格特徵以自動化的形式進行編碼和表達。所以，性格並不是某種遺傳傾向的展現，而是人們為了維持生活中某種習慣所形成的。比如：

一個懶惰的孩子並不是一出生就懶惰，而是因為他發現懶惰可以讓生活更輕鬆，而且這樣一來他還會體驗到一種權力感和重要性。有先天性缺陷的人在失敗時常常用自己的缺陷作為藉口以維護尊嚴：「如果我沒有缺陷，我一定可以表現得更出色。」還有一些人為了爭奪權力與生活不停地戰鬥著，他們因此表現出好勝心強、嫉妒、猜疑等性格特徵。性格與人格在很多時候是類似的，不同之處在於性格不是由遺傳決定的，並且是可以改變的。在經過深入的研究與調查後，我們認為性格可以影響人們的行為模式，這種影響從人們很小的時候就已經開始。但是性格本身始終受到人生目標的指引，所以性格不是決定個體行為模式的最根本因素。

前文中我們已多次提到，一個人的生活方式和行為模式與他的人生目標關係密切。每個人的目標在童年時期已經確立，它影響著我們的心理發展，決定著我們的想法和行為。人生目標貫穿了每個人的一生，是我們與他人有著不同性格的原因。所以，如果我們想要了解一個人，想要理解人性，最根本的方法還是了解他的人生目標。

遺傳對心理現象和性格特徵的影響相對較小，但是現實經驗又不足以支持環境論的觀點。每個人從出生的第一天起就具有的某些特徵似乎就是遺傳的結果。但是一個家庭、一個國家或一個種族中的人們往往有著某些共同的性格特徵，這說明性格特徵還可能透過模仿或者認同他人而表現得與他人相似。

對青少年來說，文化中的某些特殊表達或形式會嚴重影響他們的身體和心理，而這種影響就是透過模仿來實現的。比如：一個孩子對知識有著非常強烈的渴望，他在行為上的表現可能是用眼睛到處看，但對一些視力存在問題的孩子來說，則會表現為對萬物的好奇。當然，即使對知識很渴望也不一定會讓孩子出現某種特定的性格特徵。但是如果知識變成了孩子的一種需求，那麼這個孩子就可能會透過不斷探索知識、理解知識、掌握知識來滿足自己，這樣一來他很可能會成為一個書呆子。

同樣，一些有聽力障礙的人往往比正常人面臨著更大的生存威脅，所以他們需要特別注意在環境中發生的危險。其他人還可能因為他們的缺陷而嘲笑和侮辱他們，這些因素都會導致他們形成多疑的性格。所以如果一個聽力有困難的人性格多疑，我們不能認為他天生就是這樣，因為聽不到生活中的很多歡樂，就會怨恨和懷疑生活。還有一個例子是，一個罪犯的家裡往往會出很多個罪犯，並不是因為這個家庭遺傳了某種易犯罪的性格特徵，而是因為這種家庭中的孩子在很小的時候就被灌輸了「偷東西可以作為一種謀生的手段」的觀念。

每個孩子在成長的過程中都會面臨很多困難，每個人都希望得到他人的認可，肯定自己的價值，但是每個人證明自己的方法都是不同的。為什麼孩子的性格往往與父母相同？因為我們在解決困難的過程中必然會參照周圍環境中其他人的方法，而父母就是離我們最近又最理想的參照模型。每一代人都是如

此，他們學習和繼承著上一輩人在面對人生的困難與挑戰時的應對方式。

追求優越是每個人的人生目標，但是社會意識的存在讓我們不得不將這一目標隱藏在「友好」的面具之後，如果我們想要了解人性就不應被面具所迷惑。當我們擦亮眼睛，看到每個人在面具後的真面目時，就會看到每個人都在用面具擋住自己想要奪取權力的野心。想讓其他人放下面具的前提是我們先看清自己的野心並先摘下面具，只有這樣，其他人才可能揭掉自己的面具。當所有人都願意放下面具時，人與人的關係會更加親近，也會更有利於我們理解人性。

要想幫助人們更好地適應生活，教育是一條出路。但是當下人們所生活的文化環境過於複雜，要想找到有效的教育方法還很困難。目前，學校教育的意義還只是停留在給孩子傳授知識，然後讓他們自己消化知識的階段，對孩子興趣的引導還很欠缺，更不要說是否考慮過孩子心理的發展。甚至對很多學校而言，能傳授好知識已然是不錯的了。顯然我們現在還不具備了解人性的基本前提。在學校裡，我們有很多標準來評定一個學生是好學生還是壞學生，我們學會了很多對人進行分類的方法，但是我們不知道如何教一個壞學生成為好學生，壞學生難道一輩子就只能是「壞」的？

即使我們長大了，那些童年時的偏見與歧視卻仍然會深深地影響著我們，甚至我們早已將這些看成一種無法改變的真

理，卻沒有意識到自己早已陷入了文化的困境中。最後，不得不以維護自尊的理由來解釋一切，然後自以為內心已經變得強大。

社會意識對性格的影響

　　社會意識對性格的形成有著重要的作用。從童年時期開始，孩子就需要透過與他人建立連繫來滿足人際交往的需要，就像對榮譽與權力的渴望一樣，每個人都渴望得到他人的關心與愛。在本書的第一部分我們已經闡述了個體社會意識的發展過程，下面讓我們簡單地回顧一下社會意識的發展受到自卑以及對自卑補償的影響。為了確保生活的安穩與幸福，人們對自卑感尤為敏感，一旦感受到自卑時，就會立即啟動自卑補償機制，滿足安全感的需要。所以，面對一個自卑的孩子，我們應該盡可能地讓他看到生活的快樂與美好，而不是生活的悲苦與不易。但是現實情況並非如此，很多孩子因為經濟條件的原因生活得十分艱難，他們無法改變貧窮而匱乏的生活。除此之外，身體殘疾也會使人們無法正常生活。所以我們需要教這些身體殘疾的孩子如何生存，如何維護自己的權利。不過很可能即使我們非常努力地幫助他們，也無法阻止生活的苦難在這些孩子身上踐踏。這些苦難使他們的生活更加不易，甚至逐漸扭曲他們的社會意識。

社會意識是我們評定一個人的標準，能幫助我們了解他人的思想和行為。在人類社會中，每個人都需要與社會、他人保持連繫。人類作為群體性動物，必然要遵守群體性的生存法則。在群體生活中，需要制定某一標準來幫助人們評估他人，而社會意識的發展程度常常被認為是普遍有效的且唯一的判斷標準。任何人都有社會意識，沒有人可以完全不承擔哪怕一點點對他人的責任。也許社會意識並不總是出現在每個人的意識層面，但它一定以某種隱蔽的方式存在於每個人的內心，甚至可以說人們所有行為的發生都需要經過社會意識的確認。從無意識層面看，一切思想和行為的出現都是為了維護社會的和諧統一。所以在生活中的很多現象，人們思考和行為的方式都與社會意識有關，或是與人們想要建立社會連繫的目的有關。由此可見，社會意識雖然是每個人行為背後的真正動機，但卻經常被遮蔽起來，使我們很難對他人或其行為進行評估，相應地也為我們科學地了解人性增加了難度。比如：下面的例子向我們很好地展現了人們如何掩蓋自己的社會意識。

一個年輕人說他曾和幾個朋友一起去一座小島上玩。有一天，他的一個朋友走在懸崖邊上突然失去了平衡，掉入了海中。但是這個年輕人看著自己的朋友掉到海裡卻沒有救他。他後來回憶這件事時，也沒覺得自己的行為有任何不妥。還好掉入海裡的那個人最終獲救了。由此我們可以看出，講述故事的這個年輕人的社會意識非常薄弱。儘管一個人可能從來沒有傷

害過其他人，或者平時對朋友的態度很友好，但是我們並不能因此認為他具有很高的社會意識。

此外，根據這個年輕人平時經常做的白日夢的內容，可以進一步證實我們的判斷。在他的白日夢中，他經常夢到自己出現在森林中一個與世隔絕的小房子裡。他也經常在繪畫時畫出這幅場景。根據他的白日夢與之前的經歷，我們很容易得出他缺乏社會意識的結論。而且這種想法既然已經出現在他的白日夢中，就說明已經到達了他的意識層面。他可以根據自己的內心想法控制行為，在往後的人生選擇中也可以更好地遵從自己的內心。

我們再次強調，對一個人的性格的了解必須建立在他的成長經歷與生活環境的基礎之上。如果我們妄想只根據一個人的身體狀況、生存環境或教育經歷等某種單一的因素判斷其性格，那麼我們必然會得出錯誤的結論。如果我們可以基於此進而對自己有更好的了解時，就可以生活得更輕鬆，並且能夠找到真正適合自己的生活方式和行為模式，也可以給孩子樹立更好的榜樣，使他們避免發生一些嚴重的錯誤。我們也不會再認為一個人不幸的命運就應該完全歸責於他的家庭、遺傳或環境，每個人都是被生活中各種因素影響的複雜個體，只有我們自己才是自己命運的主人。當每個人都可以意識到這一真理時，人類的文明必將前進一大步。

性格發展的方向

　　每個人童年時期的心理發展方向決定了他成年後的性格特徵。而心理發展的方向分為兩種，一種是「直線型」，另一種是「曲線型」。比如：當一個孩子想要透過努力實現自己的人生目標時，他通常會表現出積極進取和勇敢無畏的性格特徵。但是成長過程中的困難很可能會阻礙他實現自己的人生目標，為了克服這些困難，孩子相應地會發展出其他的性格特徵。不過，還有一些困難是無法克服的，如身體缺陷或生活給予我們的重擊，這時這些經歷也會影響性格的發展方向。在這個過程中，老師對於孩子的影響非常重要，老師如何教育孩子以及老師的情緒本身都會對孩子的性格產生重要影響。學校教育決定孩子未來的社會生活，以及是否能夠適應主流文化。

　　孩子在成長過程中的各種困難都會對性格的形成造成不良影響。當一個孩子的心理發展偏離正常軌道時，可能會有兩種結果。一種結果是孩子選擇「直線型」的發展，面對困難，掃除實現目標過程中的各種阻礙。另一種結果則比較糟糕，也就是「曲線型」的發展，有些孩子在面對困難時過於小心謹慎，選擇不與困難正面對抗，而是繞道而行。如此一來，這些孩子的性格是否能夠正常發展將會受到很多因素的影響，比如：他是否過於小心謹慎，是否清楚自己的需求，以及是否能夠迴避某些欲望的干擾等。所以，這些孩子很難不偏離心理發展的正軌。

如果一個人不敢面對困難和挑戰，他必定會變得膽怯懦弱，不敢看其他人的眼睛，也不敢說真話。但是在其行為背後，他們與那些勇敢之人的人生目標其實別無兩樣。

直線型和曲線型這兩種性格發展的軌跡並不是互斥的兩極，它們有可能存在於同一個人身上。尤其當一個孩子對自己的人生目標還不太清晰，人生規劃也沒有那麼具體時，他很可能不會沿著一條路直直地走下去，當發現一條路行不通時就會選擇其他的路。

為了適應社會生活，我們必須具備某些相應的性格特徵。比如：和善的父母知道如何教育孩子更好地適應社會生活；父母若都比較淡泊名利，他們也就不會給孩子施加過多的壓力，家庭矛盾也會相應減少；如果父母對孩子的發展規律還有所了解，那麼就可以更好地幫助孩子面對困難，避免他們形成一些不良的性格特徵，比如：勇敢變成魯莽，或者將獨立理解為自私。如果父母對孩子十分了解，甚至還可以辨識出孩子是否只是假裝聽話，表面上很服從。積極正面的教育可以避免孩子封閉自己，讓孩子敢說真話、說實話。在教育過程中，施加給孩子的壓力對他們來說其實是一把雙刃劍。雖然在壓力下孩子會表現得很聽話，但實際上在他們的內心深處，這些壓力會直接或間接地對他們的性格產生影響。一個孩子沒有辦法去評判他所處的外界環境，而成人有時對他們的處境也一無所知，即使知道了也無法理解其中的內在原因。但是我們要知道，每個人

在成長的過程中所遭遇的困難以及在面對困難時的反應，最終都會影響其性格的形成。

除了上述「直線型」和「曲線型」兩種心理發展趨勢，根據人們面對困難時的應對風格，我們還可以將人們分為樂觀主義者和悲觀主義者兩種類型。首先，大部分樂觀主義者的性格發展過程都是較為平坦和順利的，也就是以直線型的方向發展。他們勇敢地面對人生中的各種困難，相信自己，輕鬆愉快地面對生活。他們對自己有著較高的評價，既不看輕也不貶低自己。所以相比於那些認為自己不行的人來說，他們更有能力處理好生活中的各種困難。即使面對一些難以解決的問題，樂觀主義者也總是相信問題遲早會迎刃而解。

其次，樂觀主義者的行為舉止非常鮮明。他們可以自由而開放地談論，既不誇誇其談也不謹小慎微。在樂觀主義者的身邊，我們很容易被他們感染，和他們成為朋友。他們的人際交往能力很強，善於交朋友，對朋友也十分信任。他們在與人交往時的態度和行為舉止總是很輕鬆自在。雖然成人中樂觀主義者的特徵已不像孩子那樣典型，但是樂觀的確可以正向預測一個人的社交能力。

樂觀主義者的對立面是悲觀主義者，他們的存在使教育出現了很多問題。童年時期的經歷導致悲觀主義者在長大後出現了「自卑情結」，生活帶給他們的最大印象就是不易。因為童年時期的悲慘遭遇，他們總是盯著生活的陰暗面不放，信奉悲

觀的個人哲學。相比於樂觀主義者，在悲觀主義者的眼中問題總是比方法多，他們隨時都可能面對困難卻沒了勇氣。無論何時，他們都會覺得自己缺乏安全感，然後不斷尋求著來自他人的支持，以防自己落入孤獨的黑暗中。當他們還是孩子時，就非常依賴自己的媽媽，只要一離開媽媽就會大哭；即使到了年老的時候，他們偶爾還能聽到自己在找媽媽的哭聲。

　　悲觀主義者非常謹慎，甚至謹慎到膽小怯懦的程度。悲觀主義者總是沉浸在幻想那些可能發生卻還未發生的危險之中。這類人的睡眠質量一定不好，而睡眠是衡量一個人心理發展的重要指標，比如：那些缺乏安全感的人通常都患有某些睡眠障礙。悲觀主義者過於謹慎的表現就好像他們是捍衛生命的「守護者」，為了讓自己免受生活的威脅而想盡辦法保護自己。對他們來說，生活的美好與快樂實在太少又太難以發現。一個睡不好的人自然無法好好生活。當一個人確信自己的生活充滿了困難與危險時，他怎麼可能敢睡覺，睡覺對他來說就是一種折磨。生活就像是悲觀主義者的敵人，他們不知道如何應對生活，也不知道如何好好生活。比如：有些人可能會反覆地檢查自己的房門有沒有鎖好，或者總是會夢到小偷和強盜，這些人很可能就是悲觀主義者。還有一種方法是根據一個人睡覺時的姿勢來判斷他是否是悲觀主義者。通常，悲觀主義者在睡覺時都會將自己蜷縮起來或者用被子蒙住自己的頭。

　　除了樂觀主義和悲觀主義的劃分方式，還可以用攻擊型和

防禦型將人分為兩種類型。攻擊型的人性格暴躁，為了向世界展現自己的能力，擺脫自己的不安全感，他們往往會誤將勇敢變成魯莽。當他們想要盡力抑制住自己的恐懼時，要麼會誇大自己的男性氣質，要麼不表現出任何溫柔的感覺，因為他們太害怕讓其他人看出自己的軟弱。如果攻擊型的人同時還比較悲觀，那麼他們很可能陷入與世界為敵的狀態，既不會同情他人也無法與人合作。同時，攻擊型的人通常還會高估自己的價值，驕傲自大、自我膨脹。他們自以為無所不能，實則所做的一切不僅說明了自己無法與他人友好相處，還暴露了他們內心深處強烈的不安全感。如此一來，他們對待任何事情都會表現出侵略性。

對攻擊型的人來說，成長的過程必定是艱難的。因為以人類社會的價值標準，攻擊型的人不會被優待，沒有人會喜歡攻擊性強的人。但是他們又想要獲得較高的社會地位，所以最後往往會陷入與其他同類型人的競爭之中。生活對他們來說不過意味著一些大大小小的戰鬥，一旦他們遭遇無法避免的失敗，他們將否定自己曾經所有的成功。因此，他們會擔心自己無法一直取得勝利，因為一旦失敗就無可挽回。

如果攻擊型的人總是失敗，這些失敗則可能讓他們從攻擊型轉變為另一種類型——被攻擊型。這種類型的人常常感覺自己受到攻擊，因而總是處於防禦的狀態，所以他們被稱為防禦型的人。他們與攻擊型的人的不同在於，為了補償自己的不安

全感，他們不是攻擊他人，而是以焦慮、預防和謹慎的姿態對人、對事。有些人之所以會表現出防禦型的性格特徵，是因為他們之前嘗試過攻擊型的態度，但是最終失敗了，所以他們非常害怕再次失敗。雖然這樣的推斷有些不合常理，但防禦型的人只有透過這種方法才能很好地掩蓋自己內心的叛逆。

　　防禦型的人經常透過幻想或回憶的方式逃避現實，找尋自己的內心。比如：他們中的一些人可能會選擇做一些於社會無益的事情來保持自己的初心，很多藝術家就屬於這種類型。他們早已脫離了現實，用幻想為自己創造了一個沒有失敗的世界。在這些藝術家的生活裡，困難早已將他們降服，生活除了失敗還是失敗，他們害怕任何人、任何事，他們不相信這個世界，甚至仇視這個世界。

　　在人類社會中，自己的經歷和其他人的經歷都會影響防禦型的人的態度，當看到其他人受苦時，他們會失去對美好生活的信念。防禦型的人的一個共同特徵就是具備批判性。這種批判性態度常常使他們能夠發現別人難以察覺的缺點。但是，作為人類的「法官」，他們所做的不過是一直忙著批判他人，擾亂他人的生活，實際上並不會為社會作出任何貢獻。他們不信任他人，因為這只會增加他們自己的焦慮和顧慮，甚至不敢做任何決定。一個比喻可以很好地描述這類人：他們就像是一個舉起一隻手準備捍衛自己的人，但另一隻手卻捂住了自己的眼睛，因為他不想面對任何危險。

　　此外，防禦型的人還有其他一些令人討厭的性格特徵。比如：因為他們不相信自己，所以他們也不會信任他人，由此導致他們普遍存在嫉妒和貪婪的性格特徵。他們既不願意為他人創造快樂，也不願意與他人共享幸福，所以他們注定孤苦伶仃。更有甚者，即使是陌生人的快樂也會傷害到他們。為了超過他人，他們很可能會使用一些伎倆，比如：透過偽裝自己的行為，讓他人看不出自己對人類天生的敵意。

傳統心理學的觀點

　　在了解人性的過程中，我們並不需要熟知目前人性研究的進展，一些常用的方法是，比如：根據一個人心理發展的特點將其分類，就可以幫助我們初步快速地了解人性。例如：有些人喜歡沉思和反省，生活在自己幻想的世界中，遠離現實生活。相比那些很少或不會沉思的人，他們更容易停滯在「想」的階段，難以付諸行動來真正地解決問題。如果用傳統心理學來解釋這種現象，那麼很快就可以得出一個結論：之所以會出現這樣的情況，是因為有些人的幻想能力強，有些人的實踐能力強。但是這樣的解釋無法稱為真正的科學，我們需要了解的是這些現象發生的原因是什麼，這是必然發生的還是可以避免的。所以，即使將人分類的方法可以幫助我們了解一個人，但是這種人為的、粗淺的分類方法對人性研究毫無意義。

　　因此，個體心理學對於理解人性的重要貢獻就在於，它抓住了影響心理發展的源頭——童年。並且個體心理學提出，每個人心理現象的表達完全或部分地受到社會意識和權力爭奪的影響，這正是了解人性的關鍵。僅僅根據這一普遍適用的概念同樣可以將人分為不同的類型，但不同的是這樣的分類結果將適用於所有人。不言而喻，心理學研究需要心理學家有一定的專業技能，同時要足夠謹慎，最終得到一個可以被廣泛應用的結論。個體心理學採用社會意識和權力爭奪作為人的分類標準，有效之處在於，如果一個人的社會意識較強，那麼他就不會過於追求個人權力的滿足；相反，如果一個人的權力欲求較高，他往往會是一個利己主義者，做任何事情的目的都是使自己超越他人。以這樣的標準來看，我們之前很可能對某些人的性格特徵有所誤解。如果我們可以基於此更好地了解人的性格特徵和行為模式，那麼將更有利於控制和改變他人的行為。

氣質與內分泌

　　現在所說的心理現象或特徵，在以前則被稱為「氣質」。「氣質」一詞聽起來有點難以理解，它是形容一個人思考、說話或行為的方式嗎？還是一個人在完成某項任務時的特點？顯然，心理學家對氣質的本質了解得並不是很充分。自古以來，提到氣質時一定會提到四種氣質類型，而這四種氣質類型也正是人類

心理研究的起源。古希臘時期的學者希波克拉底首次提出四種氣質類型，分別是多血質、膽汁質、憂鬱質和黏液質。後來，這一理論被羅馬人傳承下來，一直到今天都被心理學界奉為經典。

多血質的人享受生活，對任何事情都不會太較真，他們總能看到事情美好的一面，悲傷時不致悲痛欲絕，快樂時也不會得意忘形。所以，這種類型在四種氣質類型中應該是最健康的，這類人不存在嚴重的心理缺陷。

膽汁質的人曾在文學作品中被這樣描述：當一塊石頭擋住了路，具有膽汁質特徵的人會將石頭狠狠地踢開，而多血質的人則輕鬆地從旁邊繞開。個體心理學對於膽汁質類型的人也有所解釋，認為膽汁質的人過於追求權力，所以他們會表現出更多的暴力和衝動，並且時時刻刻都想要向他人證明自己的權力。這類人在克服困難的過程中通常會採取「直線型」的攻擊方式，直接表現自己的勇敢無畏。事實上，這類人之所以行為舉止如此激烈是因為他們童年時缺少權力感的滿足，所以在長大後才會不斷地透過補償來證明自己擁有權力。

還是剛才的那塊石頭，如果是憂鬱質的人看到這塊擋著路的石頭，他會想自己是否做錯了什麼，接著因為回想自己過往的人生而越來越悲傷，最後原路返回。個體心理學認為這種氣質類型的人是典型的神經質人格，他們不相信自己可以克服困難，取得成功；更不願意承擔任何風險，他們寧願站在原地不

動也不會為了實現目標做出任何努力。即使他們終於下定決心向前邁出一步，那也必定是萬分小心謹慎的一步。對於這類人的一生，「懷疑一切」是他們的座右銘。他們通常只考慮自己，不願與其他人有過多的交集。但也因為過度關注自我，他們喜歡沉浸於過去，做一些毫無意義的內省。

黏液質的人很像是生活的陌生人，很難找到某些恰當的詞語來形容他們。他們幾乎不會給其他人留下什麼印象，他們對任何事情都不感興趣，沒有朋友，也不熱愛生活。總之，在四種氣質類型中，黏液質的人也許是最沒有生機的。

總結來看，似乎只有多血質的人可以算作健康正常的，但是現實中只有極少數的人確定屬於某一種特定的類型，大部分人都是兩種或多種不同氣質的混合體，所以並不具備某一種氣質的典型特徵。而且一個人的「類型」或「氣質」本身也不是固定的，隨著個體的成長，一種氣質可以轉變為另一種氣質。比如：一個人小時候屬於膽汁質，長大後逐漸變成憂鬱質，年老時又變成黏液質，這都是有可能的。而在四種氣質類型中，多血質的人童年時期的自卑感最低，身體最健康，遭受的挫折也最少，只有這樣他們才有可能順利地長大，一直保持著對生活的熱愛，堅定地走完一生。

站在科學的視角，氣質其實取決於個體的內分泌系統。最新的醫學研究已經逐漸意識到內分泌系統對人的重要意義，比如：甲狀腺、垂體、腎上腺、甲狀旁腺、睪丸、卵巢以及其他

的一些組織結構。這些內分泌腺體沒有導管，可以直接將分泌物輸送到血液中。目前，對於這些內分泌腺體的具體功能有待進一步明晰。

到目前為止，透過對內分泌系統的研究能夠明確的是，內分泌物可以透過血液運輸到身體的每一個細胞，進而影響器官和組織的生長發育。這些內分泌物對每個生命體都至關重要，它們可以產生啟用劑或解毒劑的作用。但是對內分泌腺體的研究還處於起步階段，對其功能的了解仍然非常有限。不過，既然我們已經意識到性格和氣質的形成都與內分泌系統有關，那麼這方面的研究已然刻不容緩。下面我們將對此進行進一步的介紹。

需要說明的是，有些氣質類型的形成與內分泌系統並無直接關聯。比如：呆小症是因為甲狀腺功能減退引起的，這類人的確也會出現與黏液質類似的心理特徵。但是這一結果是生理異常導致的，比如：呆小症患者會有頭發生長緩慢、身體浮腫、皮膚粗糙、行動遲鈍的症狀，進而導致心理敏感性下降，自主性降低。

如果我們將上述症狀與黏液質的人進行比較就會發現，黏液質的人並沒有明顯的甲狀腺病變，而且這兩種人的性格特徵也不完全相同。也許甲狀腺分泌物的確可以幫助人們維持一定的心理功能，但是我們不能總結為由於甲狀腺分泌物的減少而導致個體具有黏液質的氣質。

因病理性原因導致個體表現出與黏液質類似的性格特徵，與我們通常所說的黏液質氣質是截然不同的。黏液質氣質完全由心理因素導致，與個體的成長經歷有關。心理學家之所以對黏液質類型的人很感興趣，是因為他們看似乎靜的外表背後往往隱藏著一些深刻而激烈的心理過程。具有黏液質氣質的人不可能一輩子都是這種類型，這一氣質不過是他們的一個保護殼，或者說是一種防禦機制。這類人通常都過於敏感，他們十分了解如何在自己和外部世界之間設防。所以，黏液質氣質作為一種防禦機制，是個體為了更好地應對生存挑戰而做出的有意義的反應，這與那些因呆小症導致的遲緩、愚鈍、懶惰是截然不同的。

雖然很多黏液質類型的人之前都有過甲狀腺功能不足的情況，但這並不是問題的關鍵所在。實際上，決定一個人形成某種氣質的原因是非常複雜的，受到個體內在的器官系統和外在的環境因素的共同影響。黏液質起源於自卑，具有這種氣質類型的人其實是希望透過此種方式保護自己免受傷害以維護自尊。但是這一原因只適用於我們通常所說的黏液質氣質的人。如果是因為甲狀腺功能不足引起的器官缺陷，那麼器官缺陷對一個人的影響更大。器官缺陷會促進個體想要透過某種方式補償因缺陷導致的自卑感，而補償的結果剛好與黏液質的氣質特徵相似。

內分泌系統的異常對一個人的氣質特徵有著重要的影響。比如：因甲狀腺分泌旺盛而患有甲狀腺腫的人，他們在生理

症狀上往往表現為心臟活動劇烈、心率過快、眼球凸出、甲狀腺腫大並時常或偶爾出現手腳顫抖。患有甲狀腺腫的人容易出汗，加上甲狀腺分泌物還會作用於胰腺，所以這類人的消化系統也較差。正是在這些生理症狀的影響下，甲狀腺腫的患者異常敏感，他們遇事急躁，容易被激怒，與焦慮症的表現類似，因而經常會出現將甲狀腺腫的患者誤診為焦慮症的情況。

因甲狀腺腫導致的焦慮症狀與焦慮症本身有著本質上的差異。甲狀腺腫的患者因為生理原因無法完成某些腦力勞動或體力勞動，他們身體虛弱，容易疲勞。焦慮症與此完全不同，它是由過往經歷導致的一系列焦慮症狀，只與心理因素有關。雖然兩者在行為表現上具有很大的相似性，但在本質上甲狀腺腫患者的行為不具有任何目的性或計畫性，不符合對個體性格和氣質評定的基本指標。

除甲狀腺外，其他內分泌腺體對心理的影響也十分重要。尤其是各種內分泌腺體與性腺 —— 睪丸和卵巢之間的關係對個體的發展尤為重要。根據生物學研究的基本準則，任何內分泌腺體的異常都與性腺的異常有關，但是目前還未弄清楚兩者之間關聯如此密切的原因。我們認為這可能與器官缺陷的推論類似。當一個人的性腺功能異常時，他會感覺自己難以適應生活，為了幫助自己更好地適應，他只能透過心理補償或防禦機制來減少因缺陷給自己造成的不良影響。

目前，有些熱衷於內分泌腺體研究的研究者猜測，個體的

性格和氣質完全由性腺的功能決定。但是臨床實踐的結果表明，被診斷為睪丸或卵巢異常或病變的案例很少。所以除了病理性原因，必然還存在某些特殊的情況需要進一步探究。內分泌學家認為，目前雖然還未發現任何心理特徵與性腺功能缺陷直接相關，也沒有足夠的證據表明內分泌系統是影響一個人性格形成的基礎，但是毫無疑問，機體的生長必然會受到性腺功能的影響，如可以改變孩子與周圍環境相處時的狀態。不過現在的問題在於，我們無法確定影響個體性格形成的因素是否完全由性腺決定，還是由機體中的其他組織器官決定；如果存在某些生理因素的影響，那它們是否是決定性格形成的基礎。

　　評定他人是一件困難但又重要的事情，一旦我們做出了錯誤的判斷，很可能會影響一個人的一生，甚至決定了他的生死存亡，因此我們必須在這裡告誡大家。對那些有先天缺陷的孩子來說，他們很可能會採取一些補償性的手段來彌補自己的自卑，而補償的結果往往是扭曲了一個人的心理發展。如何避免扭曲？我們要知道，任何生理因素帶給我們的影響都是可以自主選擇的，即使是器官缺陷也並非一定會改變人的一生。但是問題在於，沒有人願意去教那些有器官缺陷的孩子學會不受其影響。好比一個人面臨著重重的困難險阻，卻沒有人願意給予他任何幫助，大家只顧著在旁邊分析他、觀察他，這正是特質心理學的問題所在。而基於個體心理學所建立的情境心理學則很好地避免了這種問題的出現。

總結

　　在討論每種具體的性格特徵之前，我們需要再次說明，從情境和關係中抽離出的單獨的心理線索絕對無益於幫助我們理解人性。要想理解人性，最起碼也要透過對兩種心理現象進行對比，並且最好盡可能使這兩種心理現象的間隔時間最長，所屬的行為模式也要盡可能一致。目前，這樣的方法已經被證明是有效的，透過盡可能多地彙集對一個人的印象，並將其按照系統化的方法統一整理，可以幫助我們很好地了解一個人的性格。很多心理學家和教育學者都曾因為這個問題而感到困擾，當他們只依據單一的現象來評判一個人時，通常都不會得到有效的結果。當然，最好的方法是透過我們對一個人進行不斷深入地了解之後，用那些可以評判他的關鍵資訊構成一個統一的系統，然後做出更清晰準確的評價。但是這一過程必須有很強的科學依據，而現實情況往往是，當我們對一個人有了更深的了解之後，我們很可能會改變之前對他的判斷。這也啟發我們，在教育改革之前需要明晰對受教者的評判系統，這樣教育改革才可能發揮作用。

　　關於如何建構這樣一個系統，我們已經討論了各種方法，並且透過自身或其他人的例子加以說明。但是如果想讓這個系統更加完整，一定不可缺少的就是社會因素。畢竟脫離了社會關係來談個人的心理是毫無意義的，社會生活是我們每個人生

活的基礎。「性格從來不是評判一個人道德水準的標準，但是性格可以展現一個人的生活態度，展現他與社會的關係。」

透過概述以上觀點，我們總結了評判一個人性格特徵的兩種方法。首先，人與人之間連繫的紐帶其實是普遍存在的社會意識，社會意識是人類文明中所有成就的基礎。社會意識是評判一個人心理發展水準的唯一有效標準，反過來也可以根據心理發育程度判斷一個人的社會意識的高低。社會意識對於理解人性的意義在於，它可以讓我們知道一個人在社會中的位置、對待其他人的方式，以及如何展現自己存在的重要性。其次，評判性格的標準是權力意識，如果一個人過於追求個人權力和成功，那麼他對待社會和他人的態度就是敵對的。綜上，要想評判一個人的性格，只需要綜合考慮其社會意識和權力意識的大小。兩者互為對立，就像平行四邊形的對立點，兩種因素互相對抗，經過動態平衡最終所形成的圖形就是一個人的性格。

第二章
攻擊型性格

虛榮與野心

　　當一個人過於渴望得到他人的承認和認可時，他的內心必然承受著極大的壓力。他極度追求權力和優越感的滿足，甚至不惜採取暴力的方式也要取得最終的勝利。但是長此以往，這類人會完全受控於他人對自己的評價，十分在意給他人留下的印象，導致自己無法正常生活，脫離現實。過分在意他人的想法往往會限制自己，最典型的性格表現就是虛榮。

　　實際上，每個人都有虛榮心，只是程度不同，當然，過度虛榮肯定是不好的。所以，人們習慣將自己的虛榮心偽裝起來，使虛榮有了很多的「變形」，比如：有時虛榮會表現為謙虛。一個非常虛榮的人也可能從來不在乎其他人對自己的評價，就像有些謙虛的人不過是在利用大家的讚美來滿足自己的虛榮心。

　　當一個人的虛榮超出了一定的界限時就會非常危險。虛榮不僅會讓一個人只關注事物的表面，不做實事，還會讓他只考慮自己，或者說只考慮其他人對他的看法，最終導致一個人離現實世界越來越遠。虛榮的人不會知道人際交往的意義所在，

虛榮讓他忘記了做人的本分和生命的責任。虛榮之所以會對人的發展有如此不良的影響，是因為一個虛榮的人做任何事或面對任何人都會想：「我能從中獲得什麼？」

很多人不願承認自己是虛榮的，就把「虛榮」換成野心或驕傲。多少人因為自己的雄心壯志而感到自豪，他們認為只要自己精力旺盛、積極進取，就可以獲得人們的認可，讓人們承認他們對社會是有用的。但是我們要知道，無論是「勤奮」、「刻苦」、「活力充沛」還是「努力進取」，這些有時不過是為了掩飾虛榮的另一種說法。

當一個人變得虛榮以後，他很快就會不遵守生活的規則，甚至為了滿足自己的虛榮心干擾其他人的生活。如果一個孩子從小就很虛榮，那麼一方面在遇到危險時他會挺身而出，但是另一方面他喜歡在比他弱的同伴面前展現自己。虛榮心較強的孩子還有一個典型的特點就是喜歡虐待小動物。而對一些遭受過挫折的孩子來說，他們可能會採取一些令人難以理解的方式來滿足自己的虛榮心。比如：他們可能會避免從事一些主流的工作，而是做一些他們可以掌控並且能夠證明自己的工作。他們喜歡抱怨生活的苦難和命運的不公，是想讓其他人知道要不是因為自己糟糕的經歷和不幸的命運，他們本可以成為社會中的佼佼者。而這些不過是他們為失敗找的藉口，唯一能夠滿足他們虛榮心的方式可能就是做夢。

和虛榮心較強的人交往時往往困難重重，因為我們很難評

判這些虛榮的人。他們總是將做錯事的責任推卸給他人，他們認為自己永遠是對的，而其他人永遠是錯的。然而，區分生活裡的錯與對本就沒有多大意義，人生中最重要的事是能夠實現自己的目標，以及自己能為他人的生活創造價值。但是虛榮的人不管這些，他們只顧自己，總是抱怨生活，為自己的失敗找藉口。人類可以不惜一切代價維護自己的權力和優越感，而虛榮的人更是可以為了維護自己的虛榮心不惜採取任何手段。

　　也許有人會質疑，如果沒有野心，如何實現人類的偉大成就呢？首先，這種觀點的出發點就是錯的。的確，每個人都有虛榮心，但是決定一個人做出正確選擇的動機不是虛榮，人類的偉大成就更不可能因為虛榮或野心而實現。人類任何成功的背後都離不開社會意識，而虛榮只會降低一個人的創造力，降低其成功的可能性。所以對於人類的任何偉大成就，在其中真正發揮作用的一定不是虛榮或野心。

　　在當今的社會氛圍下，每個人都無法擺脫虛榮的影響，但是能意識到這一點本身就是我們的優勢。很多人的一生都充滿了悲痛與傷心，他們找不到人生的快樂所在，也不知道如何與他人相處，更不知道如何適應生活，因為他們想要的永遠比得到的多。所以他們很容易陷入與其他人的爭奪中，只關心自己在其他人心目中的形象。人的一生中，尤以虛榮心的滿足與否最為重要，所以要想了解人性，對其虛榮心的解讀非常關鍵。既要了解一個人虛榮的程度，又要知道虛榮可能會導致他有怎

樣的行為表現。通常，當我們對一個人的虛榮有所了解之後，就會發現虛榮會嚴重損害人們的社會意識，虛榮與社會意識無法共存。

反過來說，社會意識也會嚴重影響虛榮心的滿足。我們每個人都離不開社會生活，在人生早期，虛榮的人必須將自己隱藏或偽裝起來，背地裡慢慢實現自己的「大計」。虛榮的人常常將自己扮演成一個「受害者」，懷疑自己是否能取得成功，但這一切不過是一種偽裝，這樣在最終失敗時可以為自己找到藉口。

通常，事情會按照這樣的方向發展：一個人想要獲得權力，但是他不會親自參與到生活的鬥爭中，而是將自己從生活中抽離出來，遠遠地看著其他人，並將他們都想像成自己的敵人。這些人往往疑慮很深，儘管他們看上去思維邏輯清晰，行為表現也沒什麼問題，但其實思慮過度只會讓他們白白浪費了很多機會，阻隔了自己與社會的聯結。

虛榮有很多表現形式，但本質上展現的都是一個人想要戰勝一切的願望。一個人的虛榮可以展現在他對待每件事的態度上，還有他的衣著、說話方式以及人際交往，總之我們目之所及都能看到他虛榮的影子，看到他對權力和優越感的追求。但是由於虛榮的很多表現不符合社會的要求，所以一個聰明人肯定會採取某些方法將自己的虛榮偽裝起來，比如：一些表面謙虛的人，不過是為了讓自己看起來沒那麼虛榮罷了。就像故事裡所說的，蘇格拉底對一個穿著破舊衣服的演講者說：「雅典的

年輕人啊，我可以從你衣服上的每一個破洞中看到你的虛榮。」

很多人覺得自己並不虛榮，因為他們尚沒有發現自己的虛榮已經深入骨髓。虛榮的表現形式有很多種。有些虛榮的人總想成為社交聚會的焦點，並以此證明自己社交能力強。還有一些虛榮的人，他們不喜歡社交並且會盡量避免社交，他們不接受任何人的邀請，聚會遲到，需要其他人求著他們才會參加。也有人為了展現自己的與眾不同，只參加某些特定的社交活動，以襯托自己的高貴，其實本質上這些都是虛榮在作祟。還有一些人為了滿足自己的虛榮心，概不拒絕任何社交活動。

不要覺得虛榮沒什麼大不了，它對一個人的影響非常深遠。虛榮會讓人丟掉社會意識，破壞社會秩序。一位偉大的作家曾在自己的作品中描述了虛榮的各種形式，但在本書中我們只能對虛榮進行一個粗略的描述。

導致一個人虛榮的背後動機其實是因為他為自己的人生創設了一個不可能實現的目標：超過世界上的所有人。這一不切實際的目標只會讓他永遠得不到滿足。所以那些一眼看上去就很虛榮的人其實並不認為自己有多大的價值，除非他們可以意識到問題所在，否則無法實現目標的缺失感將會伴隨他們虛榮的一生。

從一個人很小的時候開始，虛榮心就已逐漸形成。其實虛榮的人內心都是很脆弱的，他們往往會讓人留下很幼稚的印象。童年時期的經歷會影響一個人虛榮的表現。比如：有些孩

子認為自己掌握的知識不及成人，經常被忽視，所以他們覺得自己非常弱小可憐。而有些孩子看起來非常傲慢，這往往是由於他們的父母也如此，孩子在父母的影響下自命不凡，驕傲自大。

不過，一個條件優越的家庭不免會讓孩子產生一種先天的優越感，感覺自己生來就高人一等，並且為了保住自己在家庭中的地位，他們一般會更加努力地爭奪權力。這樣的想法必然會影響他的人生目標、行為和表達方式。但是，生活對這類人似乎有著莫名的敵意，他們很難在生活中實現自己的目標，所以他們中很多人都會選擇退出生活的競爭，做一名「隱士」，或者成為不同於常人的存在。只要他們一直待在家裡無所作為，就不需要為任何人負責，然後理直氣壯地讓自己相信，他們之所以實現不了人生目標只是因為他們不想。

儘管如此，很多非常有能力和成功的人其實都是虛榮的。而且這些人通常智商也更高，只不過他們沒有將自己的才能用對地方，導致他們無法融入和適應社會。比如：有些人可能會選擇忽略自己不適應的部分，只去做那些自己擅長和知道的事情，然後就可以在失敗時名正言順地說自己是因為不了解才沒有做好。還有人可能會說，之所以事情進展得不順利是因為其他人沒有做好自己的本職工作，但是要知道，即使其他人不出任何差錯，他們的目標也不會實現。所以，這些不過是他們逃避責任的藉口，這樣他們就不必為逝去的時間而自責。

　　虛榮的人不知道如何友善地與他人相處，他們總是輕視他人的痛苦與悲傷，以使自己獲得優越感。研究人性的偉大學者拉羅什富科曾說過：「他們總是能輕鬆地看待其他人的痛苦。」一個人在表達自己對社會的敵意時，通常都是刻薄而挑剔的，他們喜歡責備、批評和嘲笑，因為一切都無法讓他們感到滿意。對這些人來說，最重要的不僅是能夠意識到自己的錯誤，還要在行為上有所展現，比如：問問自己的內心：「我可以做哪些事情讓一切越來越好呢？」

　　虛榮會讓人想方設法地超過其他人，進而使他們變得尖酸刻薄，喜歡對人評頭論足。然而，這些人往往在能力上會更強，他們更勤奮，也更風趣。但是，風趣也可以傷人，就像諷刺藝術家用玩笑來諷刺一樣。

　　喜歡貶低、駁斥他人是虛榮者的共性，我們稱之為「貶低情結」（deprecation complex）。這種情結在本質上其實是虛榮者對他人價值的攻擊，透過貶低和侮辱他人來提升自己的優越感（superiority complex），就好像侮辱了其他人就可以彰顯自己的重要性一樣。從這一點上看，虛榮者的內心深處其實非常脆弱。

　　既然人類幾千年的歷史已經注定，在短時間內沒有人可以擺脫虛榮，那麼我們就應該學會更好地面對虛榮帶給我們的影響。首先，我們需要看清虛榮究竟有哪些危害。其次，我們的目的不是為了讓人們擺脫虛榮，或者非要找到那些不虛榮的人，我們真正需要學會的是合作。不求合作只求個人成功的想

法是無法讓我們在這個時代輕易存活下去的，虛榮帶來的不過是無窮無盡的矛盾與爭端。既然我們每天都在見證著虛榮是如何讓一個人失敗的，是如何讓我們置身於社會的水深火熱之中的，甚至從來沒有一個時代像今天這樣討厭虛榮的人，那麼我們總要做點什麼來減小虛榮的危害。比如：找到一些更好地表現虛榮的方式，讓虛榮不至於阻礙人類實現共同幸福。

下面這個例子將向我們很好地展示虛榮背後的動機。一名年輕的女性，她是家中最小的孩子，從小是在姐姐們的寵愛中長大的。她的媽媽對她的關愛也無微不至，並盡可能滿足她所有的要求。但是在這樣的寵愛下，這名女性的身體愈發虛弱，需求也越來越多，多到他人無法滿足。直到有一天，這名女性意識到只要她一生病，她的媽媽就會立刻放下一切來照顧她，於是很快她就學會了用生病來滿足自己的各種需求。

漸漸地，她習慣了生病，哪怕經常會感到身體不舒服她也覺得沒什麼。她不僅習慣了生病，也很「善於」生病，尤其當她想要獲得什麼或滿足自己的某些需求時，就會選擇透過生病的方法來達到自己的目的。但是這種方法最終使她患上了慢性病。其實在很多孩子和成人身上都曾發現過這種「疾病情結」（sickness complex），通常具有這種情結的人會發現只要自己一生病就可以成為家裡的中心，得到很多的權力，從而享受生病帶給自己的各種好處。那些看似虛弱的人很可能都是透過這種方法發現了原來生病可以獲得家人對自己的關心，可以滿足自

己的各種需求和欲望。

這些有「疾病情結」的人是如何達到自己的目的的？剛開始他們可能只是因為生病有些吃不下飯，結果全家人都開始為了讓他吃飯做各種美味佳餚。而且只要他一生病就會有很多人陪著，慢慢地他無法再忍受自己一個人。為了贏得那些愛自己的人的關心，他越來越喜歡將自己置身於危險之中，或者靠生病來獲得關注。

能夠將自己置身於某件事或某一情境中的能力，我們稱之為共情。就像夢中的場景真實發生了一樣。對有「疾病情結」的人來說，一旦他們體驗到生病後所特有的權力，為了避免內心的不安，他們往往會忘記自己只是在假裝生病或只是想像自己在生病。因為當我們非常認同某件事時，它帶給我們的影響將會和這件事真實發生時的影響相同。所以有些人生病嘔吐或感到焦慮並不是因為他們真的噁心或感到有危險存在，只不過是以此來幫助自己獲得權力。就好像這名年輕的女性，她說自己經常會莫名地感到恐懼，類似於中風時的症狀。很多人的想像之生動常常連他們自己都分不清哪些是真實的，哪些又是想像出來的。我們需要知道的是，如果一個人因為疾病或某些神經性症狀而被周圍的人當作病人，那麼大家都會盡可能地去照顧他，幫助他恢復健康。因為正常人的社會意識將會引導我們去幫助那些生病的人。但是如果這些生病的人只是為了獲取特權，那麼他們其實是在濫用他人的社會意識。

　　以上，虛榮的人的這些表現反映了他們對社會生活的牴觸，對他人利益的輕視。虛榮的人很難理解他人的快樂與悲傷，更不要說期望他們能主動維護他人的權利或者幫助他人了。雖然他們中也有很多人可以依靠教育和自己的努力獲得成功，或者表面上也可以維持著與他人的友好相處，但是在內心深處，自愛與虛榮才是他們所有行為的唯一準則。

　　這名女性也不例外。她非常依賴自己的家人，如果母親早上晚半小時送早餐給她，她就會非常擔心和焦慮，然後她會立刻叫醒丈夫，讓他去看看自己的母親是否出了什麼事。最終，母親不得不非常準時地為她送每一頓早餐。而她的丈夫作為一名商人，經常要出去見客戶，但是只要他回家晚了幾分鐘，這名女性就會表現出神經衰弱的症狀，焦慮得不停顫抖，渾身出汗，等丈夫回家時又不停地向丈夫抱怨自己有多擔心他。最後，丈夫被她逼得只能像她的母親一樣準時回家。

　　可能許多人並不覺得這名女性的做法可以給她帶來好處，但是對她來說，生病其實是喚起周圍人注意自己的一個訊號，是她與家人建立連繫的方式。虛榮讓她想要控制周圍環境中的一切，但是這怎麼可能呢。即使她為此付出了巨大的代價和努力，但只要有人沒有按照她的意思行事或者沒有準時出現在她的面前，她就會徹底崩潰。她用自己的病逼迫丈夫必須準時回家，用自己的焦慮逼迫周圍人必須聽她的，看起來她似乎很關心其他人的安危，其實她想要的不過是所有人都聽她的指揮。

所以總結來看，她對其他人的關心不過是滿足自己虛榮心的一種手段。

很多時候，人們可以為了獲得自己想要的東西而捨棄自己的需求。比如：一個非常自我的六歲女孩，她經常因為一時的突發奇想就非要做成某事不可，她想要透過征服其他人來展示自己的權力。她的母親非常希望能夠與女兒保持良好的關係。有一次，母親給女兒買了她最喜歡的蛋糕，想要給她一個驚喜。但是女兒拿到蛋糕後立刻把它扔在了地上，還在蛋糕上踩了幾腳，然後大聲地對她母親吼道：「我不想要妳給我的東西，我只想要我想要的東西。」還有一次，母親問女兒中午想要喝咖啡還是牛奶，女兒沒有回答而是站在門口小聲咕噥道：「要是她說喝咖啡，我就想喝牛奶，她說喝牛奶我就想喝咖啡。」

這名女孩很明確地說出了她的想法，但還有很多孩子根本無法真實地表達自己的內心想法。很多孩子都有類似的特點，他們想要按照自己的意願行事，哪怕這樣做可能會犯錯或者會給自己帶來痛苦，但他們仍然願意。不過如今的時代為這些想要按照自己的方式生活的孩子提供了很多機會。不僅孩子如此，成人也會希望能夠按照自己的步調走完一生。但是這種想法往往會使人走向虛榮，聽不得別人的任何建議，哪怕這個建議非常合理，可以幫助他找到幸福。為了維護自己的虛榮心，他們甚至會為了反對而反對，比如：內心裡想說「是」，但因為虛榮嘴上還是說了「不」。

如果一個人想完全按照自己的方式生活，除了待在家裡，待在家人身邊，其他地方似乎沒辦法一直滿足他的意願。當我們和陌生人交往時，我們通常都會保持禮貌友好的態度，但是和陌生人的這種關係很快就會中斷，而且我們也不會總去和陌生人有太多的連繫。在社會生活的交往過程中，必定有些人會成為其中的佼佼者，贏得很多人的喜歡，但是在贏得了他人的關注之後他們又會選擇離開，繼續回到自己的家庭生活中。有一位女性來訪者，她非常有魅力，深受朋友們的喜愛，但是她通常在離開家不久之後就會因為各種原因不得不立刻回家，如突然感到頭痛。但其實內在的原因是聚會不能讓她像在家裡一樣時刻擁有特權，所以她一出門就想要回家。除了待在家裡，這名女性不知道還有什麼方法可以滿足自己的虛榮心，所以每次和陌生人在一起時她都會十分焦慮，想回家。之後她的情況逐漸惡化，她無法去影院，甚至不能到街上去，因為這些地方都會讓她產生一種失控感，她無法完全按照自己的意願行事。最終她發展到除非有自己的家人或真正關心她的人陪同，否則就不會出門的地步。而這樣的情況在她童年時期已經出現。

她是家中最小的孩子，從小身體就很弱，容易生病，所以她從小得到的寵愛就要比其他孩子多。漸漸地，她也習慣了永遠都被人寵著的感覺，長大後為了讓其他人時時刻刻以她為中心，她甚至願意付出任何代價。後來她不知道要怎樣做才能擺脫這種想法，她不想服從別人對她的安排，只想以自己的意願

來生活，越來越嚴重的焦慮和痛苦使她不得不來看心理醫生。

　　要想解決她的問題，我們必須讓她意識到在過去的人生裡她為了滿足自己的控制欲究竟做了哪些努力。不過說實話，她雖然來看心理醫生了，但是如果她自己還沒有準備好做出改變，那麼對她來說要想解決問題是很難的。因為她想要解決的是如何減少自己在家之外的地方的焦慮感，而不是放棄自己對家人的控制。要知道魚和熊掌不可兼得，她不可能一邊享受著對家人的控制，一邊又不希望有任何不良的後果。

　　這個例子很好地說明了虛榮對一個人一生的嚴重影響，特別是虛榮是如何阻礙一個人的發展並最終使他走向崩潰的。但是一個人如果只看到虛榮帶來的好處，那麼他就永遠看不到虛榮帶來的危害。就像很多人都覺得有野心、有鬥志是非常好的性格特徵，但是卻看不到這樣的性格可能會使他們永遠不滿足於現狀，於是有的人會為了滿足虛榮心犧牲自己的休息和睡眠。

　　還有一個例子也可以很好地證明我們的觀點。一位二十五歲的年輕人，當他正要去參加一場期末考試時，突然感到自己對這個科目毫無興趣，然後就沒有去參加考試。這樣的念頭讓他一瞬間心情低落，看不到自己的價值所在，根本無法參加考試。了解了他的童年經歷後，我們發現他的父母從小就經常嚴厲地斥責他，從來沒有站在他的角度為他著想過，這些經歷嚴重阻礙了他的成長。所以導致他現在開始懷疑人生的意義，喪失了對任何事情的興趣，不得不將自己從世界中孤立出去。

　　虛榮不過是他逃避的藉口。他那些壓抑已久的想法、得不到滿足的欲望和對結果的恐懼，最終都在這次期末考試前一齊爆發，將他壓垮。但是他需要一些藉口來使自己心安，如果無法取得成功不是他自己選擇的結果，而是疾病與命運致使他無法取得成功，那麼他的自尊與自我價值就可以得到維護。所以，從這位年輕人的身上我們看到了虛榮的另一種表現是阻止人們去迎接挑戰。當他需要證明自己的能力時，虛榮讓他選擇了臨陣脫逃，因為他懷疑自己的能力，害怕證明自己是個失敗者，所以他寧願在比賽前就選擇退出。

　　這位年輕人自己也承認，每當他需要做決定時，他就會陷入猶豫與糾結當中。這說明他其實並不想做出任何決定，他想要的不過是停下來，哪怕人生就此停滯不前，也不要做任何選擇。

　　這位年輕人是家中最大的孩子，也是唯一的男孩，他還有四個妹妹。而且他也是唯一被寄予厚望的人，家裡唯一上大學的機會都給了他。父親無時無刻不在激勵他要實現自己的理想抱負，要成為一個成功的人。所以這位年輕人一直非常清楚自己的目標，他想要超過所有人。然而現在，他因為不知道自己是否真的能夠實現這個目標而感到不確定和焦慮。這時恰巧虛榮心出現了，成了他逃跑時的一根救命稻草。

　　這個例子很好地向我們展示了虛榮的另一面：逃避和停止前進。虛榮與社會意識交纏在一起，關係密切，這使很多人在

選擇時會非常猶豫。不僅如此，虛榮還可以從童年時期逐漸破壞一個人的社會意識，使他逐漸地變孤立。虛榮的人生活在自己用想像建構的世界裡，他們在自己想像的世界工作、生活。這就導致他們在現實生活裡不可能找到自己想要的東西。在與人相處的過程中，虛榮的人總是想要透過權力或陰謀來達到自己的目的。他們想方設法地證明其他人都是錯的，只有自己是對的。如果他們成功地證明了自己比別人更好、更聰明，那麼他們就會很開心，但是其他人多半不會理會他們，也不會覺得這是一場對決。而對虛榮的人來說，勝利就意味著權力和優越感。

任何人都只相信他們願意相信的事。所以有些人認為學習、讀書或考試只會進一步暴露自己的缺陷與不足，反而無法用正確的眼光看待這些事情。如果一個人認為自己的人生幸福與成功會很輕易地就受到威脅，那麼他自然會時刻處於緊張狀態，這種緊張只會進一步使他所相信的謊言得到驗證。

一個人的每一段經歷都有著無比重要的意義，而且大多最終都會歸於成功或失敗的結果。對一個虛榮、有野心的人來說，他的行為模式只會給他帶來更多的問題和困難，難以實現人生的幸福。只有當你接受生活中的一切時幸福才會到來，否則一個人永遠也無法體會到人生的幸福與滿足。所以對一個虛榮的人來說，現實是無法讓他們幸福的，也許只有在夢中，夢到自己擁有權力和能夠控制他人時，他們才能體會到幸福的感覺。

如果一個人曾經體驗過權力和優越感，那麼他會發現有很多像他一樣喜歡競爭的人。但是在競爭中沒有人可以強迫其他人承認自己更勝一籌，最後的結果往往就是不斷地懷疑自己是否擁有權力。所以，一旦有人陷入了這樣的循環之中，陷入了與其他人無盡的競爭當中，那麼在這場比賽中的任何人都不會成為贏家，因為他們需要無時無刻為了爭奪勝利而努力，最後只是傷人傷己。

相反，如果一個人認為只有在幫助他人的過程中才能展現自己的價值，那麼這兩類人的結局將是完全不同的。一個願意主動去幫助他人的人，即使其他人並不接受他的幫助，對他的影響也是很小的。因為他做任何事情都不是為了滿足自己的虛榮心，只要做到了他想要做的事情，他也就達到了自己的人生目標。相比一個總是想要索取、永遠無法被滿足的虛榮的人，一個社會意識良好的人常思考的問題是：「我能為別人帶來什麼？」可以看出，這兩類人在性格和價值觀上的差異非常大。

其實，這一道理在人類幾千年的文明中早已被總結出來。就像《聖經》中所提到的：「施比受更為有福。」當我們反思這句話時，應該看到人性的偉大之處就在於給予和幫助他人。只有這樣，我們才能更好地實現自我價值，實現內心的和諧統一。

反過來說，貪婪的人永遠得不到滿足，為了讓自己開心，他們只考慮自己的利益和需求，而不在乎其他人需要什麼，甚至會把其他人的不幸當作樂事。這些貪婪的人不僅自私，還要

求其他人也要凡事以他的利益為主。在他們的世界裡，他們就是神。貪婪自負是這類人最大的特點。

　　虛榮還有另外一種更為原始的表現，比如：有些人喜歡穿著耀眼，自以為很特別，或者把自己打扮得很奇怪以彰顯自己。這些人的表現很像原始時期人們要頭戴長長的羽毛來顯示自己的地位與榮譽。現在很多人都追求穿著時尚，以從中獲得巨大的滿足感。還有很多人喜歡戴各種裝飾來滿足自己的虛榮心，而這些裝飾就好像一些用來戰鬥的武器，其目的很可能是嚇跑他們的對手。還有些時候，虛榮心也可以透過一些色情符號來表現，有些人希望透過這種方式給其他人留下深刻的印象。因為這些人相信這些無恥的行為可以讓自己獲得某種優越感，同樣還有一些人認為堅強、粗暴、固執或孤立的方式可以滿足自己的優越感。而實際上這些人只是在想法上粗暴，相比那些行為舉止粗暴的人來說，他們要好多了。就虛榮的這種表現來說，男性在這方面對社會意識的敵對態度更小。相反，那些喜歡用這種方式來表現虛榮的人，他們將自己對美好事物的追求建立在他人的痛苦上，其他人越無法忍受他們，他們就越堅持表現自己。比如：一個孩子可能故意為了讓父母厭煩而打扮得非常另類，但這卻可以讓孩子感到自己擁有權力。

　　虛榮的人很善於偽裝自己。一個虛榮的人在達到控制他人的目的之前，可能會先拉近自己與他人之間的距離，比如：表現得親切友好，想要和他做朋友等，但其實他們真正的目的是為了爭奪

權力，彰顯自己的個人優勢。虛榮的人實現自己目標的過程通常分為兩個階段。在第一階段，他們必須先讓他人放下對自己的防備和警惕，比如：向對方表現自己的友好，假裝自己的社會意識很強。到了第二階段，他們才會漸漸地摘下面具，表現出自己的攻擊性。這些虛榮的人辜負了我們對他們的信任，我們可能會以為是不是他們變了，其實他們從未變過，他們自始至終都不過是在用友好的方式接近我們，然後再徹徹底底地打敗和傷害我們。

虛榮的人接近他人的這種手段還可以被稱作「靈魂捕捉」（soul catching）。不達目的誓不罷休的態度是虛榮者的典型特徵，而這種態度在相當程度上已經決定了成功的結果。虛榮的人深諳人性，表面上表現得自己關愛他人，但其實這不過是一種虛假的偽裝。但是反過來又說明，那些了解人性的人應該特別謹慎，不要讓自己也落入虛榮的陷阱。一位義大利犯罪心理學家曾說過：「如果一個人過於完美，善良慈悲且人品高尚，那麼他們很可能是不值得信任的。」對於這句話的正確性，我們持保留態度，但是可以肯定的是，這種觀點是值得我們思考的。日常生活中，我們經常能看到一些人喜歡拍別人的馬屁，但是對那些被拍馬屁或者說被奉承的人來說，他們可能會感覺很不舒服、很不自在。所以，我們最後的結論是，如果你是一個有野心或虛榮的人，最好能選擇一些更高級，讓人更舒服的方法來達到你的目的。

在本書的第一部分，我們已詳細闡述了哪些情況可能導致一

個人的心理發展出現異常。從教育的角度來看，很大的問題在於孩子與環境總是處於對抗狀態中。雖然老師應該知道他在教育孩子中的責任，但是他不能將壓力強加到孩子身上，而是應該減少孩子與環境間的對抗，讓孩子成為教育的主體，使孩子可以像成人一樣與老師平等地交流，而不是被動接受教育。這樣孩子就不會誤以為自己總是處於壓迫之下，總是被忽略，也就不會一直想與老師進行對抗。從這種對抗的觀點來看，文化在相當程度上影響了我們的思考方式和行為模式，以及性格的形成。文化對權力和野心的錯誤引導使很多人變得虛榮，他們學著偽裝自己與他人的友好關係，甚至有些人的一生因此被毀掉。

在了解人性的過程中，童話故事常常可以揭示出很多的道理，很多童話故事都向我們展示了虛榮的危險性。下面我們將講述其中一個故事，這個故事告訴我們，當一個人的虛榮心無限膨脹時，甚至可以破壞其人格的發展。這是《格林童話》中一個關於虛榮心的故事。

一天，一個漁夫將他捕到的一條魚放生了，魚為了感謝他，答應可以實現他的一個願望。漁夫有一個貪婪且有野心的妻子，當她知道這件事時，便要求漁夫把他原來提的願望換掉，換成她的願望。剛開始妻子說她想成為公爵夫人，後來說想成為女王，最後換成了她想成為上帝。就這樣，漁夫一次又一次地把魚釣上來又放生，最後魚很生氣，不再答應漁夫的任何請求，離開了漁夫。

　　一個人的虛榮和野心可以不斷地膨脹，但有趣的是，不論在童話故事裡還是虛榮的人內心深處，他們對權力的渴望最終往往會衍生出想要成為上帝的願望。我們經常可以看到那些虛榮的人很喜歡錶現得像上帝或上帝旁邊的守護者一樣，還有人會提出一些只有上帝才能實現的願望。對於上帝的渴望其實展現的是這些虛榮者內心深處想要超越自身局限的一種理想。

　　在我們的時代中，這種情況變得越來越多。更多的人開始對通靈術、傳心術或心理研究感興趣，他們渴望超越人類已知的界限，知道其他人不知道的事情；他們渴望擺脫時空的束縛，甚至想要和死去的鬼魂交流。

　　如果我們深入調查會發現，大部分人都希望接近上帝，留在上帝身邊。甚至有很多學校教育的目標仍然保留了之前的宗教教育的宗旨 —— 將學生培養成像上帝一樣的人。事實證明，這樣的教育結果非常糟糕，所以我們現在更提倡理性教育，但是仍然無法擺脫過去的教育方式在人們心中留下的根深蒂固的影響。之所以會這樣，一部分是心理層面的原因，還有一部分則是因為我們剛開始對人性的了解很多都源於《聖經》，而《聖經》認為人就是根據上帝的樣子而創造出來的。所以《聖經》中的很多概念和觀點從一個人小時候開始就會對他產生重要的影響。當然，我們無可否認《聖經》是一部非常出色的著作，尤其當一個人的思想成熟之後，他還可以反覆地閱讀《聖經》，獲得不同的感悟。但是我們不應該將自己的感悟直接灌輸給孩子，

不應該讓他們從小就渴望權力，或者讓他們以為自己像上帝一樣，其他人就應該是他的奴隸。相反，我們只需要不加評論地向他們講述，讓他們自己學會領悟人生的奧祕。

和想要成為上帝一樣，每個人也都希望自己能夠生活在童話故事所創造的烏托邦裡。雖然孩子很少相信童話會變成現實，但是當我們看到孩子對魔法的巨大興趣時，我們就應該知道每個孩子都被自己幻想的世界深深吸引著。尤其對某些人來說，幻想和魔法的吸引力非常大，哪怕直到他們老去，這種吸引力也不會減弱。

從古至今一直存在這樣一種觀念，即女性的第六感要好於男性。所以很多男性認為自己的伴侶擁有魔法進而影響自己。在過去的某個時期，人們特別看重迷信的力量，也正是在那個時期，女性通常被認為是女巫。而這種偏見持續了幾十年，像噩夢一樣差點葬送了整個歐洲。當我們再次回看這段歷史，數百萬女性成為受害者，它的影響絲毫不亞於宗教裁判所或世界大戰。

想要和上帝一樣的願望在一定程度上也展現了一個人的虛榮。對一個內心正在遭受著痛苦的人來說，能夠暫時遠離其他人，與上帝進行對話十分重要。當他離上帝越來越近時，他會相信自己透過虔誠的祈禱可以贏得幸福。但實際上，很多宗教談不上是真正的宗教，充其量只是心理病理學現象。比如：一位男性說他如果不祈禱晚上就睡不著，因為他認為自己如果不

祈禱就會有人遭遇不幸,而這不過是他自己臆想出來的。這種想法似乎就意味著他擁有某種超能力,可以決定另一個時空中某個人的命運。在很多宗教信徒的白日夢中都會出現類似的內容。這顯然只不過是一些空想,改變不了事物的本質,但是它的意義在於可以讓信徒們依靠想像遠離現實。

在我們的文化中,有一樣東西似乎有著神奇的魔力,那就是金錢。甚至有很多人相信錢是萬能的。所以,現在很多人的野心或虛榮都與金錢或財產有關。也許你聽到有些人一輩子都在為某個東西而努力,這聽起來有些變態,但是這已經成為非常普遍的事實。甚至可以說現在虛榮的人的表現別無二致,全都在透過不斷地斂財來彰顯自己的權力和地位。還有些富有的人,即使已經擁有了很多錢,他們仍然渴望擁有更多的錢,甚至已經出現了妄想的症狀,「錢對我的吸引從未停止過」。不過這樣的想法也很正常,畢竟如今人們已經將地位等同於金錢或財產的多寡。所以在這樣的社會文化裡,人們渴望獲得金錢或財產是非常正常的。甚至有些虛榮的人除了知道斂財,其他的根本無心顧及。

下面我們將講述一個涉及違法行為的案例,這個案例包含了我們上文所討論的各個方面,並且可以讓我們更容易理解虛榮對一個人的重要影響。

在一個家庭中,弟弟看起來沒什麼天賦,而姐姐卻天資聰穎。所以當弟弟發現自己根本不是姐姐的對手時,他果斷地選

擇了放棄和姐姐競爭。雖然每個人都會給予弟弟很多的幫助，讓他盡量克服成長過程中的困難，但他還是因為自己並不聰明而倍感壓力。他從小就在姐姐的光芒下長大，生活中的任何困難姐姐都可以輕鬆戰勝，而他卻只能做一些無關緊要的事情。因此，在姐姐的襯托下，他彷彿一切都不如姐姐，但實際上並不是這樣。

他背負著沉重的負擔漸漸長大，一直到了上學的年紀。他非常悲觀，總是擔心其他人看出自己的無能。他越來越希望自己能夠擺脫愚蠢無能的形象，被當作成人一樣對待。從十四歲開始，他就經常出現在成人的聚會中，但是強烈的自卑感始終與他如影隨形，讓他很不自在，他非常想知道如何才能成為一個成熟的男人。

漸漸地，他學會了嫖娼，但是這需要很多錢，既然他把自己當作成人，所以他不可能向父親開口要錢，迫不得已，他開始偷父親的錢。可是他不覺得這是「偷」，因為這是他自己父親的錢，他有權利保管和使用。直到有一天他因為學業問題受到了降級處分，這恰恰證明了他的無能，所以他不敢讓任何人知道。

之後，他陷入了深深的懊悔與自責中，本以為這樣做可以使自己感覺好些，他顯然錯了。但是這似乎又成為他的一個很好的藉口：如果是其他人像他這樣做，肯定也會落到今天這種地步，而且還有很多事情都在干擾他的學業，所以才導致今天

這樣的結果。那天晚上，他準備睡覺時突然意識到自己也曾努力讀書過，只不過可能在課業上付出的太少。

他以前每天都會早起，不過這只會讓他一整天都非常疲倦，根本無法在課業上集中注意力。從來沒有人要求過他非要與姐姐一決高下，畢竟缺少天賦也不是他的錯。但是他對自己強加了太多的壓力，他封閉自己，不接受事實。如果哪一天失敗了，他只希望別人不要說是因為他不聰明導致的；如果哪一天成功了，他又希望別人認為就是他能力強。

無疑，在這其中不過是虛榮在作祟。故事裡的男孩為了不讓其他人發現他的愚笨，寧願犯法。虛榮和野心實在給人們的生活帶來了太多複雜的問題，它們不但剝奪了生活中的快樂與幸福，而且讓我們犯了太多愚蠢的錯誤。

嫉妒

嫉妒是一種有趣的性格特徵，因為它隨處可見，不僅在戀愛關係中，其他所有人類關係都有嫉妒心存在痕跡。對孩子來說，當他們想要超過其他人時，他們既可能表現為野心勃勃，也可能表現出對同伴的嫉妒。所以，嫉妒和野心一樣，是可以伴隨人一生的性格特徵，只不過嫉妒源於被忽視或被歧視的經歷。

在一些有多個孩子的家庭中，嫉妒的情況尤為嚴重。比如：當一個孩子有了弟弟或妹妹之後，他們會分走一部分父母的關

心，而使這個孩子嫉妒父母給予弟弟或妹妹的愛。在一個案例中，一個八歲的小女孩甚至因為嫉妒犯了三起謀殺案，可見嫉妒的影響非常嚴重。

以前，父母從不讓這個小女孩做任何家務，她的生活非常舒適幸福。直到她六歲時，妹妹的到來打破了她的美好生活。她整個人都變了，她恨妹妹，甚至總是傷害她。父母無法理解她的行為，對她愈加嚴厲，警告她如果再傷害妹妹就要受到懲罰。一天，在她生活的村子的一條小溪裡，人們發現了她妹妹的屍體。後來又有一個女孩淹死在小溪裡，直到有一天這個女孩想殺死第三個女孩時，她被當場抓住。她承認人的確是她殺的，後來她被送到了精神病院，在那裡接受進一步的治療和教育。

在這個案例中，小女孩將自己對妹妹的嫉妒轉移到了其他比她小的女孩身上，但是對男孩卻沒有任何敵意。這說明她因為被父母忽視才想要殺死妹妹報仇，而她從其他兩個小女孩身上看到了妹妹的影子，所以就想將她們全部殺掉。

由此可見，當一個家庭中兄弟姐妹比較多時，嫉妒會特別容易出現。特別在我們的文化中，重男輕女的思想讓很多女孩看到自己的哥哥或弟弟受到父母更多的關心和重視，在家裡享有更高的地位、更多的發言權，這會嚴重打擊女孩的信心，激起她們的嫉妒心。

有多個孩子的家庭免不了出現衝突或敵對行為，即使姐姐

可以像媽媽一樣愛弟弟，但是在心理層面，姐姐仍然需要父母的注意與關心，與上文中的例子沒有什麼差別。如果姐姐認為自己的角色與媽媽一樣，那麼在一定程度上可以擁有像媽媽一樣的權力與地位，會相對減少自己的嫉妒。

嫉妒是導致兄弟姐妹間相互競爭的最主要原因。當一個女孩感覺自己被忽視時，她可能會想方設法地超過她的哥哥或弟弟，因此我們經常看到在一個家庭中女兒特別勤奮刻苦，她們將自己的哥哥或弟弟遠遠地甩在了後面。再加上青春期的女孩身心發育都要明顯快於男孩，這也對緩解她們的嫉妒心有所幫助。

嫉妒的表現形式非常多，可能表現為不信任他人、喜歡批判他人或者是害怕被忽視。一個人的嫉妒最終會以哪種形式表現出來主要取決於他之前的生活經歷。比如：有些人的嫉妒會導致他走向自我墮落，而有些人則會因嫉妒精力充沛。另外，嫉妒還可以表現為破壞他人的行動、阻撓他人的進步、限制他人的自由等。

嫉妒的人最喜歡用的一種手段是對其他人制定行為規範，比如：以愛為藉口，讓他人按照自己的想法做事甚至思考。嫉妒還會讓一個人不停地去責備、侮辱他人，直到對方喪失自由意志，陷入困境或被牢牢束縛住。如在杜斯妥也夫斯基的小說中，曾講述過一個男人就是透過這些方法壓制和控制了他的妻子的一生。因此，嫉妒也是人們爭取權力的一種常用手段。

妒忌

　　哪裡有對權力和地位的爭奪，哪裡就有妒忌。如果一個人的現狀與自己的目標之間相差太大，他很有可能會出現自卑情結。而這種自卑會使他感到很壓抑，甚至影響他的行為和對生活的態度。自卑會使他低估自己的能力，對生活不滿，當他看到其他人都如此成功時，他會妒忌其他人的成就，還擔心其他人對自己的看法。他既擔心自己被忽視，又害怕被歧視。但實際上這樣的人通常擁有的已經比其他人更多，他們感覺被忽視不過是由於永不滿足的虛榮心在作祟，他們想要超過周圍所有人，想要擁有一切。但是，之所以妒忌的人不會將自己的想法表達出來，是因為社會意識的存在讓他們有所顧忌，不過他們的行動早已暴露了一切。

　　妒忌其他人的成功絲毫無益於實現我們自己的幸福。但是無可否認的是，幾乎每個人都有妒忌心，只不過社會意識限制了我們直接地表達對他人的妒忌。雖然每個人的妒忌心在平時表現得並不明顯，但是一旦我們遭受了某些災難或壓迫，比如：貧窮或飢寒交迫，我們很可能會喪失對未來的希望，不知道如何從不幸中走出，妒忌便應運而生。

　　雖然在今天道德和宗教仍然禁止我們表現出妒忌，但是在心理層面上人類還沒有成熟到可以完全擺脫妒忌。也許對於貧窮者的妒忌我們很好理解，但是也有很多與他們情況相同的人

卻沒有妒忌心，這讓人有點難以理解。所以我們必須對人性有一個更深入的了解。妒忌的出現與一個人或一個群體的行動受限有關。問題在於很多時候我們並不想妒忌他人，也不想因為妒忌而仇恨他人，但是我們卻沒有辦法控制。所以在日常生活中，我們所能做的就是盡可能不要激起其他人的妒忌，不要考驗人性。尤其是不要在其他人面前炫耀自己，這樣做很可能會傷害他人。

任何性格的形成都必須考慮到人與社會的密不可分。當我們想要證明自己的權力和地位，想在社會上出類拔萃時，我們就必須以犧牲其他人的利益為代價。而妒忌的目的其實是為了幫助我們建立一個平等的人類社會，平等的法則需要人們減少彼此間的衝突和不對等。

妒忌是一種很容易辨識的性格特徵，有時在人的外貌上就能有所展現，甚至在形容妒忌的詞語中也會帶有某些生理特徵。比如：因為妒忌會影響血液循環，所以人們會用臉色發青、面容蒼白來形容妒忌的人，甚至妒忌還會影響一個人微血管的收縮。

目前，只有一種方法可以幫助人們緩解妒忌帶來的不良影響。既然我們無法完全消滅妒忌，我們可以做的就是充分利用它。比如：可以利用妒忌心促進一個人的成功，同時也可以盡量緩解他內心遭受的打擊。這一方法被證明對個人和群體都是有效的。對個人而言，可以為一些職業正名，以提高從事這些

職業的人的自尊；對於國家而言，可以大力發展落後的地區。

　　妒忌對社會生活毫無用處。妒忌的人喜歡拿走或剝奪他人的東西，干擾他人的生活，為自己無法實現的目標找藉口，然後將自己的失敗歸咎於他人。他們喜歡擾亂他人的生活，不屑於與他人打好關係，更不要說做一些有利於他人的事。而且他們對他人的處境毫不關心，因而對人性也幾乎一無所知。當得知他人遭受苦難時，他們往往會不為所動，甚至可能會因為看到他人受傷而感到開心。

貪婪

　　貪婪與妒忌關係密切。我們對貪婪的定義不僅是指對金錢的貪婪，它還表現為一個人不願意與他人分享幸福，對待社會和他人時的態度也可以顯露貪婪。貪婪的人通常會在自己所擁有的寶物外面建築一堵牆。所以貪婪一方面與野心和虛榮有關，另一方面也與妒忌有關。其實這也說明，所有的性格特徵往往都是同時存在的，當一個人被認為具有其中某種特徵時，這說明其他特徵也是存在的。

　　在當今社會，每個人或多或少有些貪婪。有些人會故意用慷慨的行為將貪婪偽裝或遮蔽起來，但這種慷慨本質上不過是一種施捨，其目的還是為了使自我感覺良好。

　　在某些情況下，貪婪也被認為是一種寶貴的品質。比如：

某些人對時間或者勞動力很「貪婪」，他就會想盡辦法節省自己的時間，加快勞動力再生產，從而可以完成更多的工作。尤其在今天特別強調「貪時」(time-greed) 的概念，以促進時間和勞動力的利益最大化。這種觀念聽上去似乎不錯，但實際上這不過是在滿足社會上一部分人對權力和優越感的追求，宣揚對時間和勞動力的貪婪不過是將工作的壓力轉移到其他人的身上。當我們用一個人能發揮的作用來判斷他的價值時，我們其實是將人當作了機器，完全以一個人的技能水準來評價他的生命價值。對機器來說，這樣的標準非常合理，但是對人類來說，以用處判斷價值必將破壞人際關係，使人走向孤立和孤獨。所以要想建構人類共同的美好家園，我們需要的是給予，而非貪婪。

厭惡

厭惡是典型的攻擊型性格，它比抱怨和惡意的攻擊程度更強烈，尤其在孩子中特別明顯，表現為愛發脾氣。我們通常可以根據一個人喜歡發脾氣或抱怨的程度來判斷他的性格。

厭惡可以影響一個人對待他人、其他國家、不同階層和種族，甚至不同性別的態度。厭惡可以減少一個人與他人和社會的連繫。厭惡像虛榮一樣，它知道如何將自己「偽裝」起來，比如：用一種批判性的態度來掩飾自己的厭惡。不過有時，厭惡也會突然卸下自己的偽裝，光明正大地表現出來。比如：一位

免於服兵役的來訪者，他說他非常喜歡看有關大屠殺或人類毀滅的書。

在犯罪活動中有很多類似的情況。如果一個人的厭惡程度較低，那麼並不會造成很大問題，甚至對社會生活來說還有一定的意義。但是有些人會將自己對人類的厭惡偽裝起來，甚至一些哲學流派以表達對人類的厭惡作為主流思想。這樣一來，如果有一天人們不再掩飾自己的厭惡，很可能會導致對人類殘酷的暴行。不管這種觀點是否正確，對一個藝術家而言，他必須時刻保持著對人類的敬意，因為仇恨無法創造出偉大的作品。

厭惡的後果隨處可見，但是我們在此不會多加分析，原因是只由厭惡這一種性格特徵就推論它會導致一個人厭惡全人類未免牽強，這其中的緣由非常複雜。比如：某些職業要求從業者必須具有厭惡人類的特點。格里帕策曾說過，「在他的詩歌中對人類的殘忍本能進行了詳細的描述」。但這並不是說不厭惡人類就完全無法從事這些職業。恰恰相反，是職業本身決定了從業者必須對人類懷有敵意，比如戰士，從他成為戰士的那一刻起，他就必須適應這個職業的要求，與其他從事這個職業的人保持一致，哪怕是裝也要裝得像。

「過失犯罪」有時不過是一個人對自己敵意的偽裝。不管過失犯罪的對象是人還是物，過失者都沒有充分考慮到社會意識的要求。在法律上，過失犯罪經常會引起很多爭議，並且幾乎很難獲得一個令所有人都滿意的判決。過失犯罪與犯罪顯然不

能完全等同。比如：當我們將一盆花放在離窗緣很近的位置，然後很可能會一不小心把花盆摔下去，砸到某個路人的頭致其重傷或死亡，這和我們拿起花盆直接砸向某個人的腦袋是不一樣的。但是當我們真正理解人性以後，會發現有些過失犯罪其實就是犯罪。法律在判定過失犯罪時通常認為犯罪者的行為並非是有意識的，因此情有可原，但是很多情況下不管是有意識還是無意識，其內在的敵意程度都是相同的。比如：當我們觀察幾個孩子一起玩遊戲時會發現，總有一些孩子不關心其他人玩得開不開心，但是他們也不會明顯表現出對同伴的不友好。也許無論觀察多久你也不會看到這些孩子傷害其他孩子，但是往往在玩的過程中會有意外發生，其實這些意外之所以會發生，就是因為這些孩子沒有把其他孩子放在心上。

在商業活動中，過失與敵意之間的相似性更加模糊。商人不關心對手是否能獲得好處，而且也不太考慮社會意識。商業活動以及企業都遵循這樣一種理論，要想成為一個成功的商人，就要善於發現對手的劣勢。所以在商業中展現自己的敵意是完全正當的，但是這顯然會逐漸損害一個人的社會意識，就像過失犯罪一樣終將對我們的生活造成不良影響。

在商業競爭的壓力下，保護自己往往就意味著傷害他人，所以即使是那些善良的人也很難保證自己不受影響。為了避免商業競爭對社會意識造成更嚴重的損害，需要人們透過合作共同解決問題。事實上，人類天生就有自我保護的本能，所以要

想解決商業競爭帶給人類的問題，我們需要心理學幫助人們更容易理解商業關係，同時還要充分發揮心理功能的作用，只有這樣才有可能實現人類和社會的共同發展。

在家庭、學校和日常生活中，過失都是普遍存在的。有些人總是對其他人的利益不管不顧，完全按照自己的意願行事。當然，之後這些人也會受到懲罰 —— 不考慮其他人，他自己也不會好過。而有時懲罰可能會在很多年後到來，「神的磨盤轉得很慢」，但遲早有一天會轉到。所以那些抱怨命運不公的人，很可能是因為事情過去的時間太長，他已經無法將前因與現在的後果連繫起來。但是命運不會忘記他曾經犯下的過失。

在很多過失犯罪的背後，隱藏的都是對人類的厭惡。比如：一個超速的司機，以自己要赴一個重要的約會為藉口，不顧車上其他人的感受。可見，他將自己的利益凌駕於其他人的感受之上，甚至完全忽略了可能造成其他人的危險。從本質上看，這個司機為了個人利益，不顧社會中其他人的利益，這展現的就是他對於人類的厭惡與敵意。

第三章
非攻擊型性格

　　與攻擊型性格不同，「非攻擊型性格」通常不會直接表現出對其他人的敵意，而是表現為遠離他人，但是相同的是這兩類性格都會給人留下一種帶有敵意的印象。就像一個人從來不傷害他人，但是他非常孤僻，不與任何人相處，迴避社交，也不懂得與他人合作。要知道，社會中大多數工作都離不開合作，所以一個將自己從社會中孤立起來的人和那些公開與社會為敵的人所帶有的攻擊性是一樣的。下面我們將介紹幾個比較典型的非攻擊型性格。

孤僻

　　孤僻的表現形式多樣，比如：在公開場合很少或從不發言，與其他人說話時不看對方的眼睛，或者根本不注意聽別人說什麼。在所有社會關係中，即使是最簡單的社會關係，這些孤僻的人也會表現得很冷漠，將自己與其他人分隔開。孤僻的人的冷漠還展現在他們所有的行為舉止中，握手的方式、說話的口氣、打招呼或拒絕打招呼的方式無一不表現出他想與其他人保

持距離的想法。

　　為什麼有些人的性格會如此孤僻？我們在其中發現了虛榮和野心的影子。孤僻的人希望能夠透過彰顯自己與其他人的不同來滿足虛榮心，不過誰都知道這些不過是他們自己想像出來的成功。那些孤僻的人其實在用一種看似無害的方式來展現他們的攻擊性。此外，孤僻更多時候是一種群體性的特徵。比如：以一個家庭為單位，這個家庭中的所有人都會將自己與其他家庭的人分隔開。因為他們認為自己的家庭要比其他家庭更優越、更高貴，從而在一定程度上表現出攻擊性和自大的特點。甚至一個階層、一個宗教、一個種族或一個國家都可能表現出孤僻的特徵。比如：當你來到一個陌生的城市，仔細觀察當地的房屋，你會發現不同社會階層所住的房子結構是不同的，不同的階層透過這種方式將自己與其他階層分隔開。

　　自古以來，文化允許人們脫離自己原本的國家或階層，或改變自己的信仰。但是當人們用孤僻來表達自己的反抗時，往往就會導致衝突的發生。在這一過程中，有些人為了滿足自己的虛榮心，利用衝突激化不同群體間的戰爭。這類人的特點是，他們認為自己是最優秀的，他們相信自己最有價值，其他人都是邪惡的、令人厭惡的。他們透過各種方法激化各個階層或國家之間的矛盾，但本質上不過是為了滿足他們自己的虛榮心。而且即使最終引發了像世界大戰這樣的衝突或戰爭，也不會有人懷疑是因為這類人所導致的。這些麻煩製造者缺乏安全

感，他們只不過在以犧牲其他人的代價來滿足自己的優越感和獨立感。不過，這些孤僻的人終究擺脫不了孤獨的命運，他們生活在自己的小小宇宙中，無法適應和融入現代的文明生活。

焦慮

厭惡人類的人通常都比較焦慮，而焦慮本身也是一種非常普遍的性格特徵。焦慮可以伴隨一個人從出生到年老，可以讓一個人的生活變成灰色。焦慮的人不與其他人交往，無法享有一個平和、安靜的人生，更不要說能為這個世界做出多大貢獻。焦慮影響生活的各方面，對人一生的影響都非常大。引發焦慮的原因多種多樣，既可能是擔心外面世界的變化，也可能是害怕自己的內在世界發生改變。

如果一個人害怕社會，他當然會逃避與社會接觸。而一個焦慮的人通常會更擔心自己而非他人。當面對生活中的困難時，如果有人鼓勵焦慮的人，相信他可以克服困難，這時焦慮只會讓他更加確信自己不行。生活中應該有很多人在面對任何事時的第一反應都是焦慮，哪怕只是離開家，或者和朋友分別，找工作，向喜歡的人表白。這些人的生活體驗和人際交往通常較少，所以生活中任何一點變化都可能引起他們的焦慮與擔憂。

焦慮的人的這些性格特徵會嚴重影響其人格和能力的發展，但其實人生中很多時候，即使面對困難，我們也不必過於擔憂

或想要逃避。不過對大部分焦慮的人而言，他們通常意識不到自己的焦慮狀態。焦慮使他們在面對困難時為自己找出各式各樣的藉口，以至於前進的腳步變得越來越慢。

那些喜歡一直思考過去或死亡的人就可以很好地驗證我們的觀點。思考過去是一種壓抑自己的方法，因為很隱蔽所以很多人都喜歡這種方式。而那些很喜歡思考死亡，或者說害怕死亡或疾病的人，其實是在為逃避責任找藉口。因為死亡就意味著一切都是虛無的，生命如此短暫，沒有人知道未來會發生什麼，死後所有人都會變得一樣。而對一些將自己的人生目標寄於來世的人而言，今生的努力更是沒有意義的。第一類喜歡懷念過去的人，他們迴避一些需要證明自己能力的事情，因為他們害怕最後的結果遠遠低於他們為自己所設定的目標。第二類喜歡思考死亡的人，他們有著一樣的信念，為著同一個目標而努力，這個目標就是不努力生活。

最早人們對焦慮症的認知源於孩子。當有些孩子被留下獨自一人時會表現出緊張憂慮的特點，即使之後大人回到這些孩子身邊，他們的情緒仍然不會立刻穩定下來，還會要求大人按照他們的命令完成某些事情。比如：一個媽媽若將孩子單獨留下之後離開，孩子會非常焦慮地盼望媽媽趕緊回來，但是當媽媽回來之後他依然很焦慮。這說明無論媽媽在或不在，這個孩子真正關心的只是媽媽是否一直都以他為中心，他是否能控制自己的媽媽。所以如果一個孩子精神上沒有獨立，這只會迫使

他學會奴役和統治自己身邊的人。

孩子在焦慮時的表現通常比較明顯。尤其是在夜晚，焦慮的哭聲迴盪在夜空中，因為焦慮，孩子實在難以安靜下來，並難以與周圍的照顧者建立良好的聯結。焦慮的出現通常是在有人要求孩子完成某件事之後，這時要想撫平孩子的焦慮，需要有人開啟燈，坐在他身邊和他一起玩。只要有人這樣做了，孩子的焦慮就會很快被安撫下去。但是如果這時讓他感覺到自己的地位受到威脅，那麼他會變得更加焦慮。所以從某種程度上來看，焦慮不過是孩子用來鞏固控制權的一種手段。

同樣，成人中也有很多類似的情況。有些人不喜歡獨自出門，即使出去了你也可以很明顯地觀察到他們走在路上時非常焦慮的姿態和神情。有些人的焦慮可能表現為不喜歡總是變換住處，從一個地方到另一個地方；還有些焦慮的人走起路來像跑一樣，就好像有人在追他。甚至在路上有時還會碰到一些焦慮的女性，無緣無故地就需要其他人幫助她，但是她既沒有生病也不是身障者，可以走路也很健康，但只要遇到一點小麻煩，她們就會感到很焦慮和害怕。還有些人只要一離開家就會感到焦慮，他們缺乏安全感，甚至這可能還會引起「廣場恐懼症」，即對公共場所感到恐懼。焦慮症患者認為自己不同於其他人，他們總是會成為災難的受害者。他們想像著自己站在很高的地方，擔心會掉下來。當一個人的恐懼和焦慮達到病態的程度時，在本質上支配他們的其實還是對權力和優越感的追求。

因為對許多人來說，焦慮症的發作就意味著可以得到其他人寸步不離的照顧。所有人都會以焦慮症患者為中心，大家都會來看望他，而他卻不用去照看任何人。這樣一來，相當於他用焦慮症控制了周圍所有人。

如何避免焦慮？唯一的辦法就是讓人們意識到自己與其他人的連繫。只有當人們意識到自己屬於人類這個大家庭時，才有可能消除自己的焦慮。

比如：1918 年奧地利大革命時期，許多來訪者突然說自己沒辦法繼續前來做諮商。他們給出的理由大體是：這是一個不確定的時期，沒有人知道自己會在街上遇到什麼樣的人。如果看到一個穿著打扮不同常人的人，誰也不知道將會發生什麼。

動盪的時期必然會影響到人們安定的生活，但是並不是所有人都會這麼想，為什麼只有一部分人給出了這樣的理由？這當然並非偶然，這些人的恐懼與焦慮主要來自他們從未和人類建立起真正的聯結。所以在動盪的時期他們不了解其他人的想法，因此感到很不安全。而那些能夠很好地與社會聯結，認為自己屬於這個社會的人，就不會感到焦慮，依舊按部就班地做著自己該做的事。

膽小也是一種不太明顯的焦慮表現。比如：在孩子之間相對簡單的交往過程中，膽小的孩子不願意主動與他人交往，甚至會故意斷絕和其他人的連繫，因為膽怯和自卑讓他們覺得自己與其他人不同，結交新朋友的過程無法給予他們任何的快樂與滿足。

膽怯

　　膽怯的人面對任何工作都會把它想像得很困難，不相信自己能夠完成。所以通常他們的進展很慢，甚至在面對一項任務時，很難取得一點成果，更有甚者，他們做了很多努力也沒有任何起色。生活中膽怯的人無處不在，當需要解決某個生活難題時，他們的膽怯就會暴露出來。而且這類人往往在從事一項工作之後突然發現自己並不適合這個職業，不符合這個職業的要求。膽怯的人除了行動緩慢，還會對未來考慮得過於長久，對於未來可能出現的意外也會提前做很多準備，他們這樣做的目的其實只是為了逃避責任。

　　個體心理學認為在這些非常普遍的現象背後蘊含著一個相同的問題，即「距離問題」。這種觀點認為，要想真正地了解一個人就需要了解他與生活三個問題之間的距離。這三個問題分別是：社會責任問題；「我」和「你」之間的關係問題，即一個人能否建立良好的人際關係，減少與他人不當的連繫；職業、愛情與婚姻的問題。所以對於失敗的定義就可以理解為一個人與解決這三個問題之間的距離，距離越大說明問題解決得越不好，也就越失敗。而距離的大小也可以幫助我們更好地了解人性。

　　對膽怯的人來說，很多人都在有意地增加或減小自己與問題之間的距離，這樣的做法有一定的好處。比如：當一個人

需要完成一項他毫無準備的工作，即使失敗了也情有可原，而且也不會有損他的自尊心和虛榮心。就像一個在繩索上行走的人，他知道下面有網，即使掉下去也不會受傷。如果一個人很早就開始著手準備某項工作，並且準備得很好，那麼成功是理所當然的，就算失敗了也不需要承擔太多責任。但是反過來，如果一個人每天都遲到，只工作很短時間，但是所有問題他都可以解決，那麼他的成功將會得到其他人更多的稱讚。相當於他只用一隻手就可以完成其他人用兩隻手才能完成的工作。

逃避困難有很多好處，但是這樣將無法實現一個人的野心與虛榮，而且對那些想成為英雄的人來說，他們將無法實現自己的願望，無法真正地擁有權力。

為什麼有些人喜歡逃避問題，甚至給自己製造問題，或者在解決問題時總是猶豫不決呢？可以逃避問題的方法有很多，比如：懶惰、頻繁跳槽，甚至犯罪等。這些喜歡逃避問題之人的人生軌跡通常十分蜿蜒曲折，因為他們已經習慣了一遇到障礙就立即轉彎的行為模式。

一個現實生活中的例子向我們很好地展現了這一點。一位男性來訪者說他對生活已經失望透頂，任何事情都無法使他感到快樂，他厭倦了生活，想要自殺。諮商之後我們了解了他的情況。他是家中的長子，還有兩個弟弟。他們的父親是一個充滿活力、野心勃勃，並且非常有成就的人。而這位男性是他父親最喜愛的孩子，他一直被寄予厚望，希望他能成為像父親一

樣的人。這位男性的母親在他很小的時候就去世了，但是父親把他保護得很好，他和繼母的關係也十分融洽。

作為家中的長子，他天生崇尚權力，而且他的行為舉止就像古代的帝王一樣。在學校裡，他是班長。畢業之後，他接管了父親的企業，很有領導者風範。他待人友好，對工人們也非常好，他付給他們非常高的薪資，也會聽取他們的合理意見。

但是在 1918 年的大革命之後，一切都變了樣。工人暴動，難以管理。以前他們會提出自己的意見和請求，但是現在直接變成了要求。他感到自己實在無力繼續經營這家公司。

由此我們可以發現，這位男性在經營公司的過程中逃避了很多問題。首先，他是一個好老闆，以公司的發展為己任。但是當他的權力受到威脅時，他選擇了逃避問題，放棄公司。顯然，他的理念並不利於公司的發展，也最終毀掉了自己的生活。在社會和商業的發展過程中，沒有足夠大的野心將無法支撐一個人成為企業的「一把手」，和藹可親是無法幫助一個人獲得統治的權力的。所以像這類人是根本無法走到統治地位的，因為這樣的職業無法讓他體會到快樂，他放棄公司的決定也不過是他應對工人抗議的一種方式。

如此一來，他變得虛榮無比。因為事情的突然性讓他陷入了某種矛盾之中，無法自拔。他喪失了做出決定的能力，無法為自己找出一條新的出路，所以他把追求權力和優越感作為他日後生活的唯一目標。到最後，虛榮就變成了他最明顯的性格特徵。

　　當我們繼續了解他生活中的其他關係時，我們就會發現他的社會關係是非常貧乏的。正如我們所預料的那樣，他只和聽他話的、可以彰顯其權力的人交往。他非常聰明但又非常刻薄，總喜歡貶低他人，於是他的朋友越來越少，或者說他其實從來沒有過一個真心的朋友。所以他非常缺乏與其他人的聯結，這種缺乏迫使他不得不從其他方面尋找樂趣。

　　除了以上這些問題，這樣的性格還會為他的愛情與婚姻帶來巨大的問題。愛情需要兩個個體之間形成非常深層且親密的聯結，這對一個專橫、有野心的人來說是無法容忍的。所以這樣的人在選擇伴侶時，絕不會找一個柔柔弱弱的人，而是找一個可以被一次又一次征服的人，有挑戰才會有勝利的感覺。這樣一來，他的妻子一定是一個與他十分相似的人，兩個人的婚姻注定是一場永無止境的戰爭。最終，他選擇了一位在很多方面比他還要專橫的女人作為他的妻子。在他們的婚姻生活中，為了保住各自的統治地位，他們想盡了一切可以掌握權力的手段。最終，兩個人在無休止的戰鬥後，關係越來越遠，但是為了決出勝負，誰也不敢先逃離戰場，不敢提出離婚。

　　這時，這位男性做的一個夢很好地展現了他當時的心情。他夢到自己正在和一位女僕一樣的女子說話。他記得在夢中曾和這位年輕女子說：「但是你知道，我是貴族。」

　　他的夢很好地展現了他的內心想法。首先，他看不起其他人，任何人對他來說都像是沒有文化且下等的僕人，更不要說

是一個女僕。而且此時他正在和妻子交戰，所以他夢中的那位女性很可能象徵著他的妻子。

　　沒有人了解這位男性的內心，連他自己也絲毫不了解自己。他總是鼻孔朝天，不停地張望著，尋找著可以滿足自己的虛榮心的目標。他既與世隔絕，又非常驕傲自大，總覺得自己就是貴族。他不僅喜歡抬高自己，還總是貶低他人。這樣的人又怎麼可能獲得愛情和友誼呢？

　　這位男性的例子很典型地展現了，為什麼有很多人在面對生活中的問題時會走彎路。其實在多數情況下，他們的出發點沒什麼問題，也很理性，只不過可能藥不對症，用錯了地方。例如：當這位男性意識到自己必須開始結交朋友時，他也做出了很多的努力和嘗試。他加入了一個兄弟會，整天喝酒打牌，無所事事，因為他認為這是交朋友的唯一方法。但是結果是他每天回家很晚，第二天很疲憊，無法正常工作。所以想透過加入這種俱樂部來結交朋友的做法壓根不可取。而且他認為自己已經付出了很多精力在社交上，那麼沒有精力工作是很正常的。但是結果就是他既沒有交到朋友又丟了工作。由此可見，縱然他的出發點是正確的，但是他選擇的方法卻錯了。

　　導致一個人走彎路的原因並不是我們實際的經歷，而是一個人對待事情的態度，思考和評估問題的方式。人類的很多錯誤都是這樣造成的。所以我們要想更好地了解和避免問題的發生，就應該對一個人的行為模式有更清楚的認知。這一過程類

似於教育。教育的目的就是為了消除錯誤，了解錯誤出現的源頭、發展方向以及如何避免釀成大禍。在此，我們必須對古人的智慧表達欽佩之情，因為他們早已悟出這個道理，並創造了復仇女神——涅墨西斯。當一個人因為一些錯誤的人生選擇而遭遇不幸時，造成這一不幸的原因必然是因為他想要追求個人權力，而非實現人類的共同富裕。如果一個人不考慮其他人的利益，只追求個人權力，必然會導致實現人生目標的過程更加坎坷，因為孤軍奮戰的人更害怕失敗。很多膽怯的人都會患有某種精神官能症，他們自以為是這些症狀使他們實現目標的過程充滿困難，殊不知病症不過是他們為自己的失敗找的藉口罷了。

　　社會無法容忍逃兵的存在，一個人要想生存就必須能夠適應社會的要求。滿足這些要求不是為了服從統治者，任何想要適應生存的人都必須遵守。相信不管是從我們自身還是其他人身上都可以發現這一真理。有些人喜歡與他人交往，表現自己；也有些人不喜歡打擾他人，熱衷於追求權力，不交親密的朋友。這類人喜歡安靜地坐著，即使開心也不會表現出來。相比於公開的討論，他們更喜歡兩個人之間的對話，而且往往要從一些小細節中才能了解他們真實的性格。比如：他們願意花費很長時間證明自己的觀點，這個觀點的正確與否對其他人來說可能毫無意義。就算結果證明他是對的，其他人是錯的，這對他們來說也不會怎樣。但很奇怪的是，只要這類人遇到一點困

難，就會變得非常疲憊，像生了病一樣，無法入睡，也解決不了任何問題。而當你問他們為什麼停滯不前時，他們會說因為自己做不到。

實際上，這些不過是他們為了逃避那些令自己感到恐懼的事情而找的藉口，因為對於膽怯的人來說，任何一點困難都會讓他們無比害怕，他們必須不停地與恐懼抗爭，他們無法享受生活的美好。他們以為只要逃開那些令自己感到恐懼的事就可以正常生活，但這顯然是不可能的，逃避永遠不是解決問題的方法。

膽怯的人之所以會患有精神官能症，也是因為對很多待解決的問題抱有恐懼心理。那麼在日常生活中面對必須解決的問題，必須履行的責任時他們會怎麼辦呢？當問題出現時，通常他們會想方設法尋找藉口，要麼拖延時間，要麼直接不去解決。所以他們自然也會逃避社會要求他們應該履行的責任和義務，這不但嚴重損害他們與周圍人的關係，而且會引起所有人對他們的不滿。所以，如果我們可以更好地了解人性，在糟糕的結果出現之前就能加以預防，那麼就可以避免很多不幸的發生。但是由於很多複雜因素的影響，我們幾乎不可能將所有事情的前因與後果準確地連繫在一起，並得出準確的結論。我們能做的只是在充分了解每個人行為模式和人類歷史發展的基礎之上，盡可能地去預見哪些行為會導致錯誤的出現，以及可能會導致的不良結果是什麼。

適應不良的粗俗本性

很多人的性格具有粗俗或不文明的特點。比如：有些人喜歡咬指甲、挖鼻孔，或對食物有過於強烈的慾望。這類人在看到食物時會像一頭餓狼一樣撲過去，絲毫不會抑制自己的慾望，也不為自己的貪婪感到羞恥。而且這些人如果不一直吃東西就會不快樂，所以他們經常被人指責——吃飯太吵了！咬得太大了！吃得太快了！吃得太多了！

粗俗的另一個表現是髒亂。這不是說他們因為工作很多或者想要努力工作導致生活的混亂，而是他們根本不工作，也不做任何對社會有用的事，他們整個人看上去很髒亂，就像生活徹底破敗了或者被侵犯過，讓人難以聯想到這些人的處境是由他們本身的性格特徵導致的。

以上這些只是這類人的外在表現，實際上，他們的行為說明他們並沒有拿自己的人生開玩笑，他們不想參與到其他人的生活裡，所以他們也不會為整個社會做任何貢獻。之所以會形成這樣的性格特徵，往往是因為在童年時期他們的發展受到了限制，使他們無法從某些幼稚的特徵中過渡，然後變成熟。

這些粗俗的人透過自己不文明的表現避開與其他人的交往和合作。他們之所以喜歡咬指甲或者有一些類似的壞習慣，其實都是在表達他們不想按照社會的要求來生活的態度，而且其他人也無法用道德來教化他們。什麼是避開與他人交往最好的

方法？大概沒有比弄髒自己的衣服、穿著有汙點的西裝更好的方法了。否則還有什麼更好的方法能讓他避免與人競爭、不引起任何人注意也不受到指責，而且還可以避免受到愛情和婚姻的困擾呢？正是因為這些粗俗又不文明的特點，使一個人在失敗時有了藉口，可以不受任何人的責備。他們表面上說：「要是我沒有這個壞習慣，我什麼做不到？」但他們內心裡想的其實是：「不好意思，我就是有這個壞習慣。」

　　下面透過一個例子讓我們看看粗俗如何成為一個人自我防衛的工具，以及如何幫助她控制環境。一個二十二歲了還尿床的女孩是家中第二小的孩子，她從小就非常虛弱，容易生病，所以母親對她特別關心，她也非常依賴母親，長此以往，她習慣了母親時時刻刻的照顧。為了拴住母親，白天她經常會有焦慮的表現，晚上就會做噩夢和尿床。她透過這樣的手段成功地將母親留在了自己身邊，在滿足虛榮心的同時也犧牲了母親對她的兄弟姐妹們的照顧。

　　隨著女孩慢慢長大，她還出現了很多異常的行為表現，比如：不會交朋友、不敢踏入社會、不去上學。因為只要她一離開家她就會非常焦慮。即使工作以後，當她不得不晚上一個人走夜路時，她的恐懼也是超出常人的。晚上次到家後，她會非常疲憊而且很焦慮，她會把一路上遇到的危險講給母親聽。這個女孩的所有行為表現無一不在說明她想要一直待在母親身邊，但是迫於經濟壓力，她又不得不外出工作。最後的結果就

是，每找到一份工作，沒兩天她就會再次出現尿床的症狀，她的上司對此非常不滿而迫使她離職。而她的母親並不清楚她尿床背後的原因，所以總是嚴厲地責備她。直到這個女孩有一次自殺未遂，被送進了醫院。母親發誓以後再也不離開她。

女孩的所有行為，不管是尿床、恐懼夜晚、害怕自己一個人還是自殺，其實都是為了同一個目的，「我必須把母親留在身邊，讓她時時刻刻照顧我」。而尿床這種行為可以幫助女孩很好地達到這個目的。所以，有些壞習慣也可以幫助我們了解人性，而且只有當我們徹底地了解一個人和他的經歷時，我們才有可能幫助他解決問題。

其實，孩子很多幼稚的行為或壞習慣的出現都是為了吸引大人的注意。尤其當一個孩子想成為眾人矚目的焦點或者表現自己的弱小時，這些壞習慣往往就會成為他們最好的手段。此外，有陌生人在場的情況下這些壞習慣也有類似的作用。比如：一個非常善於表現的孩子，當有客人在時，他可能會像個小惡魔一樣，不停地想要吸引其他人的注意，而且在沒有達到他的目的之前是不會停下來的。當這類孩子長大後，他們很可能會採取一些粗俗的方法來逃避社會對他們的要求，並且透過難以和他人相處的方式阻礙人類實現共同幸福。所以，那些看似不文明的行為背後隱藏的還是人類專橫野蠻的虛榮心，只不過這種偽裝方式使我們很難辨識其背後真正的原因和目的。

第四章
性格的其他表現

幽默

　　如何評估一個人的社會意識水準？通常，我們根據一個人在多大程度上願意幫助其他人和給其他人帶來多少快樂來衡量其社會意識的高低。幽默可以使一個人更有趣，更討人喜歡，所以我們本能地會認為幽默的人具有更高的社會意識。當我們和那些總是很開心的人在一起時，我們不會覺得壓抑，也不用擔心他們會將煩惱施加於他人。他們總是散發著使人快樂的魅力，讓人相信生活的美好。即使面對一個你完全不認識的人，幽默也可以讓他的行為舉止、說話方式、衣著姿態甚至每一個笑容都散發著他特有的魅力。著名作家杜斯妥也夫斯基曾說過：「相比於無聊的心理測試，笑容才是了解一個人性格最好的方法。」不過，一個人的笑既可以增進也可以損害與他人的關係。有些人用嘲笑表現自己對他人的攻擊；有些人因為天性被磨滅，喪失了笑的能力；還有些人也許會笑，但是他們不知道如何給別人帶來歡樂，他們只能看到生活的灰暗，看不到生活的希望。很多人要麼從來不笑，要麼只有逼著他們才會笑，還有人只是故意給別人留下幽默的假

象。這些也許就是有些人討人喜歡，有些人令人厭惡的原因。

　　更糟糕的情況是，有些人不僅不能給別人製造歡樂，還會損毀別人的快樂。在這些人眼裡，生活充滿了悲傷與痛苦，他們每個人都在負重前行，任何一點困難都會被無限放大，更別說顧及其他人的快樂。他們就像是生活中困難的預言家，不僅對自己感到悲觀，生活中的任何人、任何事都會讓他們悲觀起來。如果看到周圍有人很開心，他們就會變得很焦躁，非要找到這件開心事的陰暗面。而且他們不僅會說出來，還會用行動阻止其他人過上幸福快樂的生活。

思維過程和表達方式

　　有些人的思維過程和表達方式過於淺顯，就像是抄襲了一些諺語和格言，他一開口別人就知道他要說什麼。聽他們說話像讀一本劣質的小說，或像讀從一些最次的報紙上抄來的一些句子。當然，這種類型的表達方式也有利於了解人性。比如：這類人在說話時總是喜歡用一些俚語，甚至用一些粗俗到令他們自己都震驚的句子。如果一個人在回答別人的問題時總是習慣用俚語或抄來的話，或者報紙、電影中的一些陳腔濫調，說明他並沒有仔細思考你的問題，缺少對提問者的共情。但是不得不說，有很多人因為心理發育的落後和遲緩，根本想不出還有其他思考問題的方式。

學生氣

　　生活中我們經常會看到這樣一類人，他們的心理發展在學生時代就停止了，年齡的增長也始終無法讓他們跨越自己在學校時期的狀態。無論是在家裡、工作中還是社會上，他們總是像個學生似的，認真聽講，等待發言機會。當和其他人在一起時，他們總是想要積極地回答其他人的提問，急於證明自己，彷彿自己回答對了就可以被好學校錄取。所以對這些「學生氣」很重的人來說，環境的可確定性是他們獲得安全感的重要條件。這種性格特徵在各種智力水準上都有可能出現。有些「學生氣」的人可能會表現得比較冷漠嚴肅，讓人覺得不易接近；還有些人可能會表現得自己像知道一切的樣子，就算不知道也能憑自己已有的知識說上一二。

學究氣

　　有一類人喜歡將生活中的每一件事都按照他們所認可的標準或原則進行分類，無論任何時候他們都不會放棄原則。如果出現了已有原則無法解釋的事情，他們就會覺得很不舒服。這類人通常被認為是一些枯燥沉悶的老學究或書呆子。在這些人看來，必定存在一些規則或公式可以解釋生活的各方面，如果解釋不了，他們就會因此缺乏安全感，變得恐慌。所以當他

們面臨一個無法用規則或公式來解釋的情境時，他們會選擇逃跑。如果讓他們玩一個自己不擅長的遊戲，他們會覺得自己受到了侮辱，因此非常生氣。生活中這樣的人有很多，他們自以為勤勉認真，卻不過是以無節制的虛榮心和控制欲為藉口，做著許多反社會的事情。

即使工作出色，他們還是難掩枯燥無聊的「學究氣」。他們做事缺少主動性，缺乏興趣，而且還總是有一些古怪的想法。比如：他們可能會一直沿著樓梯的外側行走，或者專門在人行道的裂縫上行走。這類人通常會花費大量時間來制定自己的規則，缺少與現實世界的接觸，所以他們遲早會讓自己與生活脫節。尤其是當他們來到一個新環境時，他們一定是無法適應的，因為在想出一套適用於新環境的規則或公式之前，他們根本無法解決任何問題，也不會做出任何改變。比如：他們可能在適應了一個長長的冬天之後，無法適應春天的到來。當天氣變暖時，大家紛紛出門踏青，他們也不得不與其他人有更多的接觸，這一切都讓他們感到焦慮和痛苦。所以，任何新環境對他們來說都意味著巨大的挑戰。他們缺少主動性，也就意味著沒有老闆願意僱用他們。這種性格特徵與遺傳無關，也並非不可改變，只不過他們已經完全受制於這種錯誤的人生態度，以至於無法擺脫自己對自己的偏見。

卑微

　　卑微的人同樣無法適應一些需要具備主動性的工作。他們習慣了聽從他人的命令和指揮，按照其他人的想法做事，所以他們比較適合一些具有強制性的工作。在社會生活中，卑微也有各種不同的表現形式，通常會表現為一種卑躬屈膝的態度。比如：在其他人面前點頭哈腰，無條件聽取其他人的想法；不僅完全按照對方的指示來行動，還會確認對方是否滿意。甚至有些人的卑微程度已經到了將聽別人的話作為自己的榮幸的地步，並能從中獲得很多樂趣。雖然我們並不認為控制欲強是一種理想的性格特徵，但是過於順從也是有問題的。

　　對很多人來說，順從是天經地義的事。而我們所說的這些人不是奴隸，而是女性。自古以來，女性必須順從似乎是所有人都預設的信條，女性生來就應該聽話。即使到今天，在這種觀點已經被證明是非常有害且有損人類關係的情況下，這種根深蒂固的思想也難以被消除。連很多女性本身也已經將順從和卑微作為自己的天職，但是事實證明這樣的想法不會讓任何人受益。遲早有一天人們會知道，如果女性可以擺脫卑微，世界將會變得更美好。

　　如果有人可以一直忍受壓迫而不反抗，那麼他很可能已經迷失了，就像聽話的女性變得越來越依賴他人，再無獨立的可能。比如下面這個例子中，一位女性和一位聲名顯赫的男性

因為愛情走到一起。她和她的丈夫都認為女性就應該聽從男性的。所以慢慢地她就像她的丈夫的一臺機器，不停地為她的丈夫服務著，盡著認為自己應盡的義務。時間長了，她身上所有的獨立性都被剝奪了，她已經將順從變成了理所應當的事，甚至已經忘了要如何反抗。然而，最後的結果是這樣的關係沒有使他們任何一個人感到幸福。

這個案例中兩個人因為都受過良好的文化教育，最終才沒有出現非常惡劣的結果。但是在很多平常人中，女性往往認為順從是自己的命運，而男性也理所當然地覺得女性就應該屈服於自己，甚至可以隨時欺凌女性。

生活中經常有很多卑微的女性既可笑又愚蠢，她們就喜歡和一些傲慢粗魯的男性在一起。這種病態的關係存在不了多久，就會出現激烈的衝突與戰爭。

要想解決這一問題，就必須讓男性與女性平等生活，合理分工，確保任何一方都不會受到壓制。也許對現在來說這還只是一種理想，但是起碼我們可以以此作為衡量文化進步的標準。卑微的問題不僅對兩性關係有重要影響，男性也需要承受巨大的壓力；而且在國與國之間，不平等也會帶來嚴重的問題。

古代文明創造了奴隸制，幾百年來奴隸與奴隸主之間一直互不來往，彼此對立。但是如今世界上大部分人的祖先其實都來自奴隸家庭。現在某些地方仍然保留著種姓制度，也仍然有很多「奴隸」的存在。古時候人們普遍認為奴隸代表著低賤，

而奴隸主認為自己更高貴，勞動會弄髒自己，所以他們只說不做，永遠都在指揮奴隸工作。希臘文中「貴族」的意思就是「最好的」。貴族是最好的，可是決定好與不好的標準不是美德或品格，而是權力。所以只有奴隸會被分為不同等級，貴族的身分只由權力決定。

　　現代生活中，我們的很多觀點都深受這種奴隸制的影響，只是隨著人們之間距離的拉近，這種影響才慢慢減弱。偉大的思想家尼采認為我們應該以「好」為標準，向其他所有比我們優秀的人學習。但是我們今天已經很難再擺脫奴隸制的影響，從而徹底去除主人與僕人的概念，完全相信人人平等。儘管如此，平等永遠是我們應該努力的方向，以防釀成大錯。現在很多人都持有一種奴性的觀念，認為只有當其他人向自己表達感謝時，自己才會快樂。但其實這不過是他們為了適應生存而找的藉口。他們當中的大部分人其實並不會因此感到開心，幾乎沒有人真的願意這樣做。

傲慢

　　與上文中所描述的卑微恰恰相反，傲慢的人會永遠將自己置於主導地位，他們渴望成為領導者。這類人在生活中只關心一個問題，即「我要怎樣做才能超過其他人」，但實際上這樣的想法只會帶給他們無盡的失望。不過從某種程度上看，如果這

227

些傲慢的人沒有很強的攻擊性，他們還是有一定優勢的。比如：當你需要一個管事的人的時候，他們會是一個好的領導者，因為他們善於管理和統籌大局。如果處於動盪的時期，國家需要變革時，這些人雖然傲慢，但是他們對權力的渴望和追求卻符合一個領導者應具備的特質。不過當他們習慣了到處指揮別人時，往往在家裡他們也要做「國王」、統治者。傲慢的人無法忍受為其他人所支配，在他人的控制下，他們會變得焦慮，無法發揮自己的真實水準。即使在和平年代，我們也可以在企業或社會中看到這類人的存在，他們做事具有很強的主動性，而且善於表達，所以他們一般會成為一個小團隊的領導者。只要他們在社會規則允許的範圍內行事，就不會引起別人的反感，但是其他人也不會給予他們過高的評價。傲慢的人的一生都是為證明自己比其他人更強而活，這使他們深陷痛苦的深淵。平凡普通的工作無法讓他們出彩，他們也永遠不會成為其他人的最佳隊友。

心境

　　心境決定了一個人對待生活和工作的態度。心理學家認為，一個人的心境由遺傳決定的說法是錯誤的。心境與遺傳無關，不同的心境具有不同的目的，它非常敏感，就像很多伸出去的觸角，不斷試探著新的環境以做出最終決定。

　　有些人看起來總是很愉悅，他們會竭盡所能地為生活創造快樂，可以看到所有事情積極的一面。快樂的人也可以被分為不同的等級。比如：有些人的快樂就像孩子一樣，令人動容。他們會把工作當成遊戲，在解決問題的過程中找尋快樂，面對任何事情都不會逃避。這類人的存在往往能讓人看到生活的美好。

　　不過當快樂過度時，面對認真嚴肅的事情如果還以嬉皮笑臉的方式對待，顯然是不合適的，這會讓人留下不好的印象。當看到他們不把困難當回事或總是輕敵時，別人肯定會覺得這樣的人不可靠，做事不負責任，也就不會再交給他們一些重要的任務。但是話又說回來，相比於總是愁眉苦臉的人，我們當然更願意和積極樂觀的人相處。快樂的心情也會讓他們更輕鬆地應對困難和挑戰。

運氣

　　不可否認，每個人曾經遭遇過的困難都會直接或間接地對他們產生影響，只不過有些人不善於從錯誤中吸取教訓，而是完全將錯誤的原因歸結於自己的運氣不好。然後他們會花費一生的時間來驗證就是因為運氣不好，他們才在許多事情上遭遇失敗。當一個人一旦將自己所有的不幸都歸於運氣不好時，就會有一種彷彿超出自己控制的超能力產生。深入分析會發現，

其本質上還是一個人的虛榮在作祟。好像他們的不幸是因為神特意選中了他，雷雨天的閃電似乎也是因為他才出現。如果有盜賊，他們就要擔心盜賊是否會到自己家來偷竊，好像任何不幸最終都會降臨到他們身上。

只有以自我為中心的人才會如此誇大事實，認為不幸都圍繞著自己轉。雖然被不幸纏身聽起來很可憐，但這不過是為了滿足這些人的虛榮心，讓別人相信他們是所有人報復的對象。而且這些人往往從童年時期就認為自己會成為偷盜者、殺人犯或者鬼魂的迫害對象，好像壞人的存在就是為了迫害他。

從外在形態上看，這類人走路時通常會彎著腰，讓其他人都能看到自己所承受的巨大壓力，這樣很像為了保衛希臘神廟而被壓在柱廊下的女像柱（Caryatid）。總是覺得自己運氣不好的人往往會很認真地對待每件事，但等待結果時卻很悲觀。這樣的信念不僅會讓他們感到自己生活得很痛苦，而且也會連累他人。其實不幸的根源是虛榮，不幸的存在只是為了讓他們相信自己很重要。

宗教崇拜

一些長期承受誤解的人很可能會走向對宗教的崇拜，因為宗教可以包容他們原本的樣子。上帝的存在讓他們的痛苦與抱怨有了安放之處，但僅此而已，他們唯一在乎的還是自己。他

們相信自己所尊敬和崇拜的上帝就應該為自己服務，並且有責任對他們的所作所為負責。在這些人看來，一些人為的方法，比如：熱忱的祈禱或者一些宗教儀式，就可以增進自己與上帝之間的緊密關係。所以對他們來說，上帝存在的唯一目的就是為了幫助他們消除煩惱，幫助他們解決問題。這種觀念往往成為宗教中的異端邪說，就像曾經被燒毀的宗教裁判所又回來了似的。持有這種觀念的人無論是對上帝還是對周圍人的態度都是一樣的，他們只是不停地抱怨和哭號，卻從未想過要如何真正地解決問題，改善自己的處境。

　　下面這個十八歲女孩的故事很好地展現了一個虛榮的利己主義者是如何形成這種宗教觀念的。雖然這個女孩很有野心，但是她心地善良，努力勤奮，並且在每一次宗教儀式中她都會懷著最虔誠的態度參加。突然有一天，她因為自己總出現某些邪念，認為自己違背了神的旨意，陷入了對自己深深的自責中。之後她經常用一整天的時間來譴責自己，甚至讓人覺得她有些精神失常。她跪在角落，痛罵自己，可是其他人卻從未責怪過她。一天，一位牧師想要嘗試幫助她擺脫罪惡的折磨，告訴她她從未有罪，而且她一定會得到救贖。第二天，女孩在街上找到牧師，並對牧師大喊道：「你不配進教堂，因為你已經放下了自己的罪。」到這裡已經足夠看出一個人的野心是如何導致他走向錯誤的宗教崇拜，虛榮心會讓一個人無法辨清好與壞、美德與罪惡、純潔與墮落。

第五章
情緒

　　情緒可以展現一個人的性格特徵，情緒的釋放通常需要某種有意識或無意識的壓力。與性格類似，表達情緒的過程也遵循某個特定的目標和方向。情緒作為一種具有一定時間界限的心理活動，與每個人的生活方式和行為模式相適應，並不神祕。個體為了改善自己的處境，通常會藉助情緒的表達，使其更有利於自身的發展。尤其是當一個人被迫放棄自己的目標，或者知道自己已經無法實現目標時，這時的情緒表達會更為劇烈。

　　當我們和一個自卑的人相處時，我們會發現他們之所以過於努力地想要證明自己，甚至做出一些極端的行為，是因為他們相信只要不放棄努力、頑強打拚，就一定可以成為萬眾矚目的焦點，證明自己的能力。就像憤怒的產生一定是因為有「敵人」的存在，如果不是為了打敗敵人，我們為何會生氣？現實生活中，人類的文化傳統允許人們表達憤怒，這說明憤怒還是有用的。表達憤怒在一定程度上可以幫助人們達到自己的目的，否則誰還會發脾氣。

　　如果一個人不相信自己有能力實現目標，但是他又害怕失

去安全感而不肯放棄目標，這時他可能會為了實現目標付出更多的努力，並且藉助情緒的作用來幫助自己。比如：一個自卑的人可能會採取更偏激和殘忍的手段以達到自己的目的。

　　情緒與人格密切相關，為所有人共有。每個人在特定情境下會出現特定的情緒表現，我們稱為情緒能力。情緒對每個人都非常重要，而對人性的深刻認識將有利於幫助我們辨識他人的情緒。由於身心的緊密性，一個人的情緒通常也會表現在一定的身體變化中。比如：情緒可以影響一個人的血液流動和呼吸系統，表現出臉紅、臉色蒼白，或者心跳和呼吸的變化。

分離型情緒

A. 憤怒

　　憤怒情緒的出現主要是為了掃除權力爭奪過程中的障礙，幫助個體盡快地擁有統治權。既有研究結果顯示，過於渴望權力的人往往更容易出現憤怒情緒。哪怕一些人只是想得到別人的認可，但當這種渴望逐漸演變成對權力的追求時，一點很小的刺激就會引起他們出現憤怒情緒。也許是基於以前的經驗，易怒者通常將憤怒作為他們達到目標、戰勝對手的一種最輕鬆的方法。這種方法既不要求個體有多高的智商，而且多數情況下還很好用。

　　的確，在某些情況下憤怒是必須的，也是合理的，但是我們這裡所討論的並非這種情況。我們所指的是那些習慣性憤怒的人，他們已將憤怒作為自己的一種應對方式。甚至有些人在面對問題時，除了憤怒沒有其他任何解決辦法。這類人通常很傲慢也很敏感，他們一定要讓自己高於他人，連平等都是他們無法忍受的。這類人的眼睛通常很尖銳，時刻保持警惕的狀態，以防其他人離他們太近，或者觀察誰沒有對他們表現出足夠的重視。高度的敏感性往往使他們具有不信任的性格特徵，他們很難信任周圍的人。

　　除了憤怒、高敏感性和不信任，這類人還會表現出其他的性格特徵。比如在某些情況下，非常有野心的人在面對重要的工作時會表現出令人難以理解的恐懼感，使他們很難適應社會的要求。這其中的原因可能是，一旦失敗了，他們將別無選擇，由此他們可能會因被逼無奈做出一些破壞行為，比如：打碎鏡子或者打破花瓶。這時如果他向其他人解釋說自己也不知道自己在做什麼，其他人根本不會相信。很明顯，這一切都是他提前計劃好的，他將自己的憤怒發洩在一些有價值的東西上。

　　透過表達憤怒來實現自己的目的的方法對自己身邊的人也許還有用，但是一旦將生活範圍擴大，這種方法很可能就會失效。那些習慣性憤怒的人會陷入與世界無盡的矛盾與衝突中。

　　憤怒情緒的外在表現非常明顯，易怒者總是以一種敵對的姿態面對周圍的世界。而敵對往往與權力的爭奪有關，追求權

力的過程經常會讓人聯想到自己憤怒地打敗對手，所以憤怒其實是社會意識的對立面。作為性格最明顯的外在表達，學會觀察他人的情緒變化對了解人性來說至關重要。我們在前文中已經多次提到，權力爭奪的內在基礎其實是一個人的自卑感。如果一個人根本意識不到自己的權力，也就不會出現攻擊或暴力行為。所以請不要忽略這一事實，憤怒與一個人的自卑密切相關，憤怒不過是以犧牲其他人的利益來使自己獲益的一種卑鄙伎倆。

另外，酒精是導致憤怒出現的另一個重要因素，而且通常一點酒精就足以發揮作用。酒精可以很輕易地讓人退化到受文明教化之前的狀態，做出沒有教養和不文明的行為。這樣一來，喝醉酒的人就可以理所應當地放鬆對自己的控制，也不需要顧及其他人。一個人沒有喝醉之前，他可能還會盡其所能地控制住自己對他人的敵意和不友好，但是一旦喝醉了，他的真實性格就可以被徹底釋放。所以喜歡喝酒的人往往是那些生活失意的人，他們在酒精中尋找安慰，意圖忘記生活的苦惱，為自己的失意找藉口。

孩子通常比大人更容易發脾氣，甚至一點點小事就足以讓一個孩子大發脾氣。這其中的原因主要是，在孩子所處的年齡階段，強烈的自卑感讓他們毫不掩飾自己對權力的追求。但是面前的困難又是那麼難以踰越，所以他們不得不用憤怒來表達自己想要得到認可的願望。

如果一個人的憤怒水準過高，反而很可能會傷害自己。比如：在很多與自殺有關的報告中，很多人自殺的原因是為了使自己的家人或朋友受傷，或者因為曾經的某些失敗而用自殺來報復自己。

B. 悲傷

當一個人在失去某樣東西後卻感到無法安慰自己時，就會出現悲傷情緒。和其他情緒一樣，悲傷也是對缺失感或不愉快的補償，人們希望這種情緒能使自己的處境變得更好。在這方面，悲傷和憤怒的作用是一樣的。不同的是，悲傷和憤怒所指向的對象以及所採用的方法不同。憤怒的人透過抬高自己、貶低他人來獲得優越感，所以憤怒的對象是其他人。而悲傷其實代表一個人心理優越感的縮減，縮減之後會激發他進一步提升自己，獲得心理滿足。雖然和憤怒所採用的方式不同，但悲傷同樣指向環境而非自己。所以悲傷者更多會採取抱怨的方式，以表達自己對其他人的抗議。悲傷是人類的天性，但是過於悲傷則可能會發展為對社會的敵意。

悲傷者透過表達自己對周圍環境的態度以實現自己的目的。悲傷情緒的表達可以促使其他人更多地站在自己的角度，同情自己，從而獲得其他人的支持、鼓勵和幫助。眼淚和哭訴是悲傷者最好的武器，它們既可以幫助悲傷者表達對事情的控訴，也能實現掌控環境和提升自己地位的目的。在審理案件的

過程中，被告越悲傷彷彿就意味著他受到的冤屈越大，他的申訴越合理。所以悲傷可以使人們更相信受害者的話，使侵犯者受到更多譴責，承擔更多責任。

悲傷這種情緒向我們很好地展示了人們如何將自己的弱勢變為優勢，以及如何擺脫無力感和自卑感，保持住自己的權力和地位。

C. 情緒濫用

情緒的意義與價值主要展現在，它可以幫助人們克服自卑、表達個性、獲得他人的認可。情緒的表達具有重要的心理功能。比如：當一個孩子意識到原來自己可以透過生氣、悲傷或哭泣來控制周圍環境、引起他人注意時，他將會一次又一次地用這種方法來達到自己的目的。最終他會形成一種行為模式——只要自己有需求，即使面對一些小問題也會表現出強烈的情緒反應。濫用情緒不僅是一種壞習慣，甚至還會發展到病態的程度。如果一個人不斷地濫用情緒，將憤怒、悲傷或其他情緒的表達當作兒戲，這些情緒很快就會失去價值。只要別人拒絕或威脅他們，他們就習慣性地用情緒來表達自己。比如：他們可能會將悲傷演繹為大聲地哭鬧，但這絲毫不會引起人們的同情或憐憫，只會讓人厭煩。

在濫用情緒的同時，可能會伴隨一定的生理表現。比如：經常憤怒的人可能會存在消化系統的問題，當他們十分憤怒時

甚至會出現嘔吐的情況，以此更直接地表達出他們的不滿。同樣，悲傷的人可能會拒絕進食，導致體重減輕，做出更符合悲傷的樣子。

當一個人透過濫用情緒來引起其他人的注意時，由於社會意識的存在，其他人並不會無動於衷。其他人的安撫可以緩解憤怒，但是卻無法緩解一個人的悲傷，因為悲傷的目的就是為了讓其他人同情。只有這樣他們才會感覺自己受到了關注，自己的地位得到了提升。

雖然人們會向憤怒者和悲傷者表達自己的關心與同情，但是憤怒和悲傷這兩種情緒仍然屬於分離型情緒。因為它們並沒有將人們之間的距離拉近，反而因為損害了社會意識，使人們之間的距離變遠。從某種程度上看，悲傷的確會拉近人們之間的關係，但這並不是一種正常的關係，因為悲傷者與安撫悲傷的人在努力的程度上是不平衡的。最終如果一方付出得更多，必將不利於社會意識的發展。

D. 厭惡

厭惡情緒的分離性沒有其他情緒那麼明顯。在生理上，如果我們的胃壁被什麼東西刺激了一下就可能會出現嘔吐的情況，心理上也是如此，心理上的嘔吐為厭惡情緒的表現。厭惡情緒之所以被認為是一種分離型情緒，是因為當人們出現厭惡的表情時，會給予人蔑視的感覺，讓人覺得他想要離開當下這

個環境。所以厭惡情緒可以作為從某一令人不愉悅的環境中脫身的藉口，而且厭惡情緒很容易偽裝。不僅如此，我們甚至還可以透過學習，學會如何表現厭惡。最終使一個原本不具有傷害性的情緒成了人們表達抗議或者逃離社會的有力武器。

E. 焦慮

　　焦慮是人們生活中非常常見且重要的情緒之一。焦慮不僅是一種分離型情緒，類似於悲傷，焦慮還會影響自己和其他人之間的關係。比如：一個孩子因為焦慮想要逃避，但是他可能還是會想要獲得其他人的保護。焦慮的出現往往預示著一個人離失敗不遠了。處在焦慮中的人一方面會把自己想像得很渺小，這似乎有利於和其他人的聯結，但是另一方面他們也渴望優越性。所以感到焦慮的人首先會換一個環境使自己先安靜下來，當他們感覺自己有把握戰勝困難時，才會選擇跳出來繼續為自己爭取。

　　在處理焦慮這種情緒的過程中，我們發現有一種根深蒂固的東西在影響著我們，那就是可以支配所有生命存在的原始恐懼。人類作為一種脆弱且缺乏安全感的生物，天性中更容易受到這種恐懼的影響。也正是由於我們不夠了解人性以及人生中可能遭遇困難，才讓很多孩子的成長過程中出現各種問題。當孩子慢慢長大，逐漸發現生活中的各種挑戰和不易，當他一次次嘗試卻仍然無法很好地獲得安全感時，他就會越來越悲觀。

最終，他對於想要獲得幫助的渴望以及對周圍環境的認知將影響他的性格形成。如果他發現自己很難找到解決問題的方法，他就會變得越來越小心謹慎；如果他一直被迫要不斷努力前進，他反而會更想退縮。對一個時刻準備逃跑的人來說，焦慮將會成為他最有可能表現出來的性格特徵。

一個人在出現焦慮情緒時會本能地想要抑制，但是抑制的方式可能並不是攻擊或直接地表現出來。當焦慮情緒發展到焦慮症的病態程度時，我們可以據此更好地了解一個人的內心。焦慮的人特別渴望得到其他人的幫助，甚至完全依賴於他人。

關於焦慮的一些深入研究我們已經在敘述焦慮這一性格特徵的章節中有所介紹。焦慮的人需要其他人的支持，需要其他人一直關注他們。事實上，這類似於一種主僕關係，焦慮者需要其他人像僕人一樣在身邊給予他幫助和支持。當我們對這種現象進行深入調查後會發現，很多人需要獲得一種特殊的認可。由於和生活缺少連繫或者連繫不當，很多人已經喪失了獨立性，所以才會表現出對特權的渴望。但是無論其他人給予他們多少陪伴，都無法從根本上增強他們本身的社會意識。他們表現出焦慮不過是為了使自己再次享有特權。雖然焦慮可以幫助人們逃避生活的要求，控制身邊的人，但是焦慮最終將會侵蝕一個人所有的人際關係，成為一種獲得控制權的工具。

連線型情緒

A. 快樂

在連線人與人之間關係的各種情緒中，快樂是最為明顯的一種。當人們想要一起玩、想要更多地連繫彼此或者一起享用某物時，快樂的出現就會打破人們之間孤立的狀態，眾人在一起擁抱彼此。可以看出，快樂的連線性表現在，人們願意向其他人伸出援助之手，讓其他人感受到自己給予他們的溫暖。事實上，快樂可能是戰勝困難、消除孤獨和失意的最好的方法。快樂可以讓人情不自禁地微笑，而笑容可以幫助人們釋放能量，給予人自由的力量，而且笑容無界，可以讓所有人感受到支持和溫暖。

儘管如此，濫用笑容和快樂仍然會造成很多問題。比如：一位來訪者說他在一次大地震的報導中不小心表現出了一絲喜悅之情，但其實他內心非常悲傷，因為害怕悲傷讓自己產生無力感，他反而表現出了與悲傷相反的快樂情緒。還有一種濫用快樂的情況就是當其他人很悲傷時自己卻表現得很快樂。當快樂出現在錯誤的時間或場合時，它反倒會成為一種損害社會意識、分隔人與人之間關係的情緒。

B. 同情

同情是與社會意識關係最為密切的一種情緒。同情代表一個人對其他人感同身受的能力，一個人有同情心說明他的社會意識已經較為成熟。

但是濫用同情的情況非常普遍。尤其是人們經常會誇大自己的同情心，假裝自己的社會意識水準很高。比如：很多人為了被報紙報導或者為了獲得他人的讚揚就擠在災難現場，表面上好像是關心受難者，其實沒有為他們提供任何幫助。還有一些人似乎熱衷於了解發生在其他人身上的不幸，甚至有些人透過同情或施捨他人來滿足自己的優越感。偉大的人類學家拉羅希福可曾說過：「我們總是希望從其他人的不幸中得到補償。」

有一種錯誤的觀點認為，有些人喜歡看悲劇是因為他們覺得自己比劇中的人物更幸運。但是大部分人並非如此，喜歡看悲劇更多的還是因為想要了解自己或學習知識。畢竟這不過是一種戲劇表演，觀看的目的也不過是為了讓我們更好地過自己的生活。

C. 謙虛

謙虛是一種既屬於連線型也屬於分離型的情緒。作為社會意識的重要組成部分，每個人的生活都不應缺少謙虛，人類社會更是離不開謙虛。謙虛的意義在於，當一個人即將沉淪或者

迷失時，謙虛可以讓他清楚地意識到自己的價值。作為一種情緒，謙虛有著明顯的身體反應。比如：因為皮膚微血管的擴張，出現臉紅的表現，還有一些人可能會出現全身發紅的現象。

謙虛的外在表現是一種明顯的退縮行為。當處於具有威脅性的情境下時，謙虛類似於帶有一點憂鬱的孤立，人們會希望自己能從中脫離出來。在逃脫過程中通常會伴有眼神向下、表情羞怯，這時的謙虛是很明顯的分離型情緒。

像其他情緒一樣，謙虛有時也會被誤用。比如：有些人天生就容易臉紅，讓人誤以為他想要逃避與其他人的關係。所以在這種情況下，謙虛的分離作用會很明顯。

附錄
關於教育

　　在此，我們希望能對教育在家庭、學校、生活以及個體成長過程中的作用進行討論。

　　當代家庭教育過於強調孩子對權力的追逐和虛榮心的發展，而且每個人在成長過程中都會被灌輸這樣的信念。當然，家庭教育本身具有明顯的優勢，家庭也是最適合開展教育的地方。正是家庭的存在才足以維持每個人的健康和生存。如果父母還是很好的教育者，那麼他們可以在孩子剛出現錯誤的發展傾向時就指出錯誤，並透過適當的教育方法予以糾正。所以家庭對每個人來說都是至關重要的。

　　但是現實情況並沒有我們想像的那麼美好，很多父母既不是好的心理學家也不是好老師，這就導致很多家庭過於強調利己主義的重要性。這種利己主義的危害在於，每個家庭都相信自己的孩子最為特殊、最有價值、最應該被注意，哪怕要以犧牲其他孩子的利益為代價。所以，現在很多家庭教育會灌輸孩子一種錯誤的觀念：必須超過其他人，成為最好的那個。如此一來，會導致很多孩子出現心理問題。尤其是在以父親為主導的家庭中，孩子往往難以避免受到這種觀念的影響。

附錄　關於教育

　　之所以父親主導的家庭會出現很多問題，是因為父權統治幾乎不考慮人類的社會意識，它在一個人很小的時候就開始誘導孩子在內心深處去對抗社會意識。這種權威式教育最大的問題就在於，它讓孩子以追求權力為自己的目標，讓孩子體會到擁有權力是多麼美好的事情。但這最後只會讓孩子過於追求權力和控制感的滿足，變得無比虛榮。現在，所有孩子都渴望成為塔尖上的人，希望得到其他人的尊重，慢慢地就發展為要求所有人都服從自己，甚至最後會發展為對父母和整個世界的仇視與敵對。

　　在這種家庭教育觀念的普遍影響下，沒有孩子可以做到不以實現優越為自己的目標。很多時候，我們會看到一個孩子說自己喜歡扮演「大人」。當孩子長大時，他們對童年的回憶很清楚地說明他們對世界的認知等同於自己的家庭。所以當人的需求受到威脅時，人們往往會想要逃離傷害他們的世界。

　　家庭確實可以在某種程度上發展一個人的社會意識，但是對權力以及權威性的追求使家庭對一個人社會意識的培養非常有限。一個人最初對愛的認識其實是來自與母親的關係。對孩子來說，意識到自己與母親的關係是非常重要的經歷，因為母親的存在讓他們知道了「我」和「你」之間的區別，同時他們會發現世界上有一個完全值得自己信賴的人存在。尼采曾說過：「每個人都是基於自己與母親的關係塑造了自己愛的人。」裴斯泰洛齊也曾說過：「母親決定了一個孩子未來與世界的關係。」

甚至可以說一個人與母親的關係實際上決定了他之後的所有行為。

母親對一個人社會意識的發展也有著重要的作用。很多人之所以性格古怪，很可能是他和母親之間關係不正常所導致。母親與孩子之間關係的扭曲通常會導致孩子出現社會缺陷，主要包括兩種類型。第一種是由於母親沒有盡到自己應盡的責任，導致孩子的社會意識發育不成熟。這種缺陷非常嚴重，並且會導致很多不良後果出現。他們可能會仇視自己周圍的環境，成為非常古怪的人。要想幫助這類孩子，唯一的辦法就是有人重新扮演他們的母親的角色，以彌補他們在成長過程中所缺失的母愛。第二種缺陷更為常見，即母親過於承擔責任，讓孩子無法發展出除母親以外的其他社會關係。這就導致孩子只願意和母親待在一起，不願意與其他人接觸，從而喪失了成為一個社會人的能力。

在教育的過程中，除了與母親間的關係，還有其他一些重要的時刻也會影響個體的發展。比如：一個讓人感到快樂的托兒所，它可以幫助孩子具備適應環境的能力。要知道，一個孩子剛來到世界上時需要面對的困難非常多，所以能擁有一個快樂的童年對他們來說非常重要，它就像一個可以引領孩子繼續前進的指路牌。其實很多孩子都是帶著痛苦來到這個世界上的，而且大部分孩子很難進入一所能讓他們真正快樂的托兒所，他們沒有機會感受到溫暖的人類大家庭，這也就是為什麼

附錄　關於教育

很多孩子漸漸長大卻沒有發展出良好的社會意識，也無法和生活成為真正的朋友。另外，錯誤的教育也會對此產生重要的影響。嚴厲的權威型教育不但會剝奪孩子生活中所有的快樂，而且這種教育方式就像是將孩子養在溫室中，看似幫他掃除了所有障礙，但是當他長大成人時，稍微惡劣一點的環境就會使他無法生存下去。

因此我們可以看出，目前的家庭教育還無法培養出社會和文化所認同的、完全符合人類社會需求的人。當我們過於強調培養孩子的野心、注重個人利益時，很多孩子會認為老師不過是一種職業，不值得自己效法和尊敬。要知道，讓孩子一味地追求權力將無法避免地會對孩子的心理發展造成不良影響。也許權力不一定要靠武力來獲得，但是一定會以社會意識為代價。學校對於每個孩子的心理發展發揮著重要的作用，所以一定要確保學校教育可以幫助每個人實現心理的健康發展，只有這樣的學校才能稱為一所好學校，一所真正有利於社會發展的學校。

結論

我們希望透過本書能讓大家了解到，雖然人性可能受到遺傳的影響，但是人性的發展最終由社會因素所決定。人類一方面需要滿足機體發展的需求，另一方面還需要滿足人類社會發展的需求。所以本書主要講述了人性的發展以及人性發展過程中所需要的條件。

經過深入探究，我們討論了認知、記憶、情緒和思維對人性發展的意義，以及各種性格特徵和不同情緒類型。我們發現，這些現象之間都存在某種內在連繫，它們一方面受制於社會生活的影響，另一方面受到人們對權力和優越性追求的影響，最終形成每個人獨特的行為模式。社會意識影響實現優越的人生目標，塑造每個人不同的性格特徵。所以性格並非由遺傳決定，而是隨著心理發展以及不同階段的目標而有意識地變化。

各式各樣的性格特徵和情緒變化是我們了解人性的重要指標。比如：根據對權力渴望程度的不同，每個人都有一定程度的野心和虛榮心。而性格和情緒可以幫助我們了解一個人對權力的追求以及他們所採用的不同表達方式。一個人的野心和虛榮心如果過度膨脹，則可能會阻礙其心理的正常發展，而且還會減少甚至消除一個人的社會意識。

結論

　　了解心理發展的規律對每個想要掌控自己命運的人來說都非常重要，它可以使我們從愚昧無知走向對自己清楚的認知。基於人性的實驗研究是使人性研究成為科學的基礎，只有科學才值得被講授、被學習。人性研究是關於人類心理過程的科學，理解人性對每個人都不可或缺。

電子書購買

爽讀 APP

國家圖書館出版品預行編目資料

阿德勒的人性心理學：不可理喻的行為 × 負能量滿滿的性格，原來我們所有的表現和情緒，都是「童年」經歷的反映 / [奧] 阿爾弗雷德‧阿德勒 著，邵蕾 譯 . -- 第一版 . -- 臺北市：崧燁文化事業有限公司 , 2024.08
面 ; 公分
POD 版
譯自：Understanding human nature.
ISBN 978-626-394-579-1(平裝)
1.CST: 阿 德 勒 (Adler, Alfred, 1870-1937)
2.CST: 學術思想 3.CST: 精神分析學
175.7　　113010705

阿德勒的人性心理學：不可理喻的行為 × 負能量滿滿的性格，原來我們所有的表現和情緒，都是「童年」經歷的反映

臉書

作　　　者：[奧] 阿爾弗雷德‧阿德勒

翻　　　譯：邵蕾

責任編輯：高惠娟

發 行 人：黃振庭

出 版 者：崧燁文化事業有限公司

發 行 者：崧燁文化事業有限公司

E - m a i l：sonbookservice@gmail.com

粉 絲 頁：https://www.facebook.com/sonbookss/

網　　　址：https://sonbook.net/

地　　　址：台北市中正區重慶南路一段 61 號 8 樓
8F., No.61, Sec. 1, Chongqing S. Rd., Zhongzheng Dist., Taipei City 100, Taiwan

電　　　話：(02) 2370-3310　　　傳　　　真：(02) 2388-1990

印　　　刷：京峯數位服務有限公司

律師顧問：廣華律師事務所 張珮琦律師

定　　　價：350 元

發行日期：2024 年 08 月第一版

◎本書以 POD 印製

Design Assets from Freepik.com